お客さま目線でサービスを見直せば100%受注・成約できる

儲かっちゃうしくみ

谷田貝孝一

はじめに

この本を手に取り、読みはじめたあなたに感謝します。ありがとうございます！

「特売日以外の来店客が少ない」
「安くしないと売れない」
「昔のように売上を回復させたい！」

業種・業態に関係なく、商工会や商工会議所などの講演に参加された方々はこういいます。

そして、売上を回復させるための「**現場で〝いますぐ〟使える〝具体的〟なやり方が知りたい！**」ともいいます。

ところが、それらの悩みに応える「売上をいますぐ回復させる即効薬になる、（泥臭い現場が見える）具体的なやり方」を書いている本は、あまり見かけません。

それが本書を書こうとしたきっかけでした。**現場経験が長く、実店舗の指導実績が多いわたしであれば、そうした悩みをもつ方々のお役に立てるのではないか**、と。

かつて、わたしは交通事故などで壊れた車を復元させる自動車の鈑金塗装職人でした。しかも、カーディーラーから仕事をいただく下請けでした。

そういうわたしが、あることをきっかけに、カーディーラーの下請けから脱却しました。そのきっかけとは、業務の一部にサービス業を加えたことです。このとき、妻と出会い結婚するときに使ったある手法が活かされました。

実はわたし、〝ブサイクな顔〟です。でも、自慢で恐縮ですが、キレイな女性を妻にしています。どうして〝ブサイクな顔〟のわたしが、キレイな女性を妻にできたと思いますか？

それはね――

「彼女」が、どんな「食べ物」「音楽」「場所」が好きなのか「彼女の友達」に訊いたのです。「彼女の友達」に訊いたことを「デート」のときに「試してみた」のです。

この手法を、商売でもそのまま使いました。

「彼女」を「**新規客**」に、「食べ物・音楽・場所」を「**商品やサービス**」に、「彼女の友達」を「**既存客**」に、「デート」を「**イベント**」に、「試してみた」を「**試食してもらった**」に、そして「結婚」を「**販売（受注）**」に置き換えて実行したのです。

つまり、「新規客」が、どんな「商品やサービス」が好きなのか「既存客」に訊いてみました。

そして「既存客」に訊いたことを「イベント」で「試食してもらった」ら、売り込むことなく、簡単に「販売（受注）」できました。

この方法を、いろいろな業種業態の人にも試してもらいました。

そうすると、面白いようにうまくいくのです。

そして、売上を回復させた人は必ずこういいます。

「こんな簡単なことでよかったんですね！」
「もっと早くやっていればよかったです！」
「お金がかからないのがいいですね！」

この本は、あなたのお店（会社）の売上を回復させるために書きました。読んでいただいたあと、きっと「こんな簡単なことでよかったんだ！」といっていただけると思います。

2012年5月吉日

谷田貝孝一

第5章 店長がいなくてもお店が回る流れをつくろう！

第6章 今すぐ現場で使える8つの事例

第1章

お客目線で考えるだけで、売上を2倍にできる！

1 まず、地域の同業者から抜きん出た下請け業者になる

中卒職人が下請けの5番手から1番手に

自分の都合をやめて、やりたい仕事をする

1988年5月に、谷田貝自動車鈑金塗装として独立。独立というとかっこいいですが、カーディーラーから仕事をもらう下請けです。しかも100%下請けです。

景気がよかったこともあり、開業したその日から仕事がありました。いまでは想像もできないくらい忙しい毎日でした。

でもわたしはうれしくありませんでした。それは、仕事をする充実感や達成感なんてなかったからです。だって、自分の思うような仕事に恵まれなかったのですから。

事務所の電話が鳴るのは決まって水曜日か木曜日。それは、一般的に、生活者が車をぶつけてカーディーラーに入庫するのが土曜日か日曜日だからです。カーディーラーの仕事は、古株

の鈑金塗装業者から順番に配給（?）されます。なので、開業間もないわたしのところに配給されるのは水曜日か木曜日になるわけです。しかも三重苦の仕事ばかりです。三重苦とは、**1. やりづらい。2. 単価が安い。3. 納期が短い。**同じ業者でありながら分の悪い仕事をしていました。ただ、分の悪い仕事をさせられたおかげで、分のいい仕事をもらうため、仕事を発注するカーディーラーのマネージャーが困っていることに応えようと考えるようにはなりました。

元請けの悩みを訊いて5番手から1番手へ

同業者の集まりに行くと、カーディーラーや修理業者という仕事の元請け先に対して口説き合います。慰め合います。傷をなめ合います。

最初のうちは居心地がよかったのです。同じ思いをわかってくれる人に話を聞いてもらうだけで満足でした。みょうに安心できたのです。

でも、「やりづらい、単価が安い、納期が短い三重苦の仕事しかもらえない」ことに対して、口説き合い、慰め合い、傷をなめ合っても、状況はなにも変わりません。わたしは三重苦の状況を打破するため組合員であることを辞めることにしました。

組合員を辞め、三重苦の状況を打破するためにわたしがやったことは、仕事を発注するカーディーラーのマネージャーが困っていることを解決することでした。

困っていたことは、鈑金塗装業者の**1．納期を守らない。2．仕上げが雑。**の2点です。わたしは、**夕方預かった車を次の日の朝九時に納車し、黒い車の塗装を無傷で仕上げる鏡面研磨という技を編み出し存在をアピール**しました。結果、あるカーディーラーの店舗マネージャーのクチコミで、近隣のカーディーラー5店舗からも仕事を受注することになりました。当然、**下請けの5番手から1番手**になりました。

仕事がなくなったらどうする?

1番手の下請けは気分がいいです。月曜日に仕事がもらえるから納期が長いです。高級仕上げの車なので単価が高いです。当然、高級車や年式の新しい車なので作業がやりやすいです。願ったり叶ったりの三重楽です。

でも、どんなにがんばっても下請けはやっぱり下請けです。1台の車を修理するだけです。1台の車から2台目、2台目から3台目へと紹介があるわけではありません。なので、1台から何台もの車へと紹介をつなげるためには、どうすればよいのか――。

ちょうどカーディーラーの下請けから脱却することを考えていたころ、新聞にこんな記事が出ていました。

1. カーディーラーは鈑金塗装を内製化する
2. 衝突しない車を開発する

理由は、人口が減少して新車の販売利益がいずれ減少する。それを補うための内製化。また、死亡事故撲滅のための衝突しない車の開発です。いずれも、**わたしの仕事がなくなることを意味していました**。不安でした。悩んでいました。仕事は断るくらい忙しかったのですが、なにから手をつければいいのかがわからずうろたえていました。

悩みながら出した結論は、仕事の受注をカーディーラーに依存するのではなく、生活者と直接つながることでした。

POINT
仕事を発注する人が困っていることを解決する

2 下請けから脱却して直需100%へ転換できる！

何に困っているのかを訊くだけ

講演・セミナーに参加して情報を収集

カーディーラーが内製化工場をつくり、メーカーが衝突しない車をつくるという新聞発表がありました。でも、いますぐ開発されて、仕事がなくなるわけではありません。なので、仕事がなくなる前にできることはないか考えていました。で、はじめに思いついたことが、講演やセミナーを聞きに行くことでした。それは、「経営に関する新しい情報を集めたり考え方を学ぶのなら、講演やセミナーに参加するといいですよ」と、地元商工会の指導員の方からいつも聞かされていていたからです。

ある講演に参加したときです。わたしの背筋をゾクゾクさせた言葉が聞けました。

本業を離れるな！　本業を続けるな！　本業の中身を変えよ！

どのお店（会社）にも基本となる本業があります。その本業が繁盛していなければ存続しません。長く続いているお店（会社）には、地域にいる生活者にとって役に立つ仕事があるわけです。が、本業に満足しているのは禁物なのです。本業と思い込んでいるのは当のお店（会社）だけだからです。本業と思い込んでいる仕事も、時代の変化に目を向けず、自らの工夫を怠ると、何十年も続いたお店（会社）も明日がない時代なのです。

ところが、本業を続けるだけでは地域にいる生活者が飽きて呆れてしまうのです。だから、絶えず工夫を重ねて「本業の中身を変えよ！」ということなのです。

「経営革新って、なに？」と聞いてくる方がいます。実はわたしもうまく説明できません。が、わたしは経営革新をこう捉えています。「お客さまに愛し続けてもらうために変化を続ける」ことをわかりやすく言葉にしたのが先述の言葉なのです。

お客を体感してお客の本音を知る

商工会が開催する講演やセミナーに参加して、本業を続けるだけでは地域にいる生活者が飽きて呆れてしまう。だから、絶えず工夫を重ねて本業の中身を変えていかなければならないということはわかりました。

でも、地域にいる生活者が、わたしが提供しているサービスに飽きて呆れてしまわないようにするには、具体的に、なにをどうしたらいいのかがわかりませんでした。飽きて呆れてしまう生活者の気持ちもわかりませんでした。

わたしが生活者の気持ちを知るため最初にやったことはこうです。

お客をやってみる。

具体的には、コイン洗車場で車を洗ってみました。

わたしは自動車屋ですから車を自分の工場で洗えます。もちろん無料です。でも、コイン洗車場で車を洗う生活者の気持ちを知るため、お金を払ってコイン洗車場で車を洗ってみたのです。自分以外のだれかと同じ気持ちを知るには、同じ立場や状況で同じ体験をしなければわからないですからね。

お客になり、実際にお金を払ってコイン洗車場で車を洗うことでわかったことがあります。

1. ホースを使って洗うことができない。
2. 屋根が付いていないので暑い。
3. 部品の交換や修理ができない。

近くで同じく車を洗っているお客と話をすることで、鈑金塗装業に対する本音の声を聞くこともできました。

1. なにをしてくれる工場なのかがわからない。
2. 料金がわからないから頼めない。
3. がんこ職人のイメージがあり怖そう。

お金を払ってコイン洗車場で車を洗ってみることで、自分の仕事に対する対象客の本音を訊くことができました。そして、いますぐやるべきことがわかったのです。

なにができるのか？　わかりやすく伝える

「車に関することはなんでもご相談ください！」

よくあるお誘いのキャッチフレーズです。実はわたしも以前は使っていました。

「自分のためになにができるのか具体的な言葉で教えて欲しい！」対象客はそう思っているわけです。だから、「なんでもご相談ください！」という言葉に響く人はいないことがわかりました。

妻からも、「鈑金塗装の意味がわからない」といわれました。だから具体的になにができるか説明しました。

自動車の鈑金→事故車の復元修理　→　ぶつけた車を直せます。

自動車の塗装→補修塗装　→　同じ色をつくって塗り直せます。

業者にとってあたり前の「専門用語がわからない」というのです。だから、普段、だれもが使っている言葉で伝えるというのがポイントでした。

「新車と同じ色で塗ってください」という人もいるくらい、「新車と同じ色」が実際にあって、職人は、その『新車と同じ色』を『塗るだけの人』と勘違いしている人もいるのです。なので、**「同じ色をつくって塗り直せます」**という言葉で伝えることによって、「新車と同じ色」があるわけではない。使用年数や使用状況によって1台ずつ異なる車の塗装色に対して、職人が色を混ぜ合わせて同じ色をつくるということも理解してもらえるわけです。

待ちの職人から攻める商人へ

お金を払ってコイン洗車場で車を洗い、車を使う人の本当の気持ち（本音）がわかりました。車に関するどんなことができるのかもわかってもらえるようになりました。でも、車を修理してもらいたい人が来なければ仕事ができません。

カーディーラーの下請け仕事をしていたときは、口を開けていれば仕事がもらえたのですが、地域にいる一人ひとりの生活者から仕事を受注するためには、存在を知ってもらわなければなりません。

いままでは「集められたいお客はいない！」。だから「集客するな！」「チラシ広告にお金をかけるな！」といっているわたしですが、カーディーラーの下請けから脱却するときは、こんな試行錯誤を繰り返していました。

「地域の人に知ってもらいたいなら3回くらいはチラシを撒かないとダメだよね」というんのは印刷屋のオヤジでした。でもそれは、印刷屋の儲かるしくみですよね。わたしは50万円で懲り懲りでしたので、自分でチラシをつくりました。

手づくりチラシを自分でポスティングしました。工場から一番近い交差点に野点看板をつくり、毎日同じ時間に、30分くらいかけて看板を抜き差ししました。そうして一人ずつ**自分の話を聞いてくれる人を集めた**のです。

欲しい分だけ選んで買える方法で100%受注する

毎日同じ時間に、看板を抜き差しすることで、少しずつでも自分の話を聞いてくれる人を集めることができました。鈑金塗装の意味がわからないという人にも、具体的になにができるのかも説明できました。

ところが、なかなか仕事の受注にはつながらなかったのです。それは、「選んで頼めるメニュー」がなかったからです。

どういうことかというと、車を直したいからわたしの工場に来るわけですが、車を直すためにかかる費用を提示すると、「家に帰って主人（妻）に相談してみます」といって、また来る人はほとんどいません。つまり、わたしのところで見積もりだけして、修理は他の同業者のところでしているのだと思いました。

わたしは、せっかく来店した人をなんとか受注につなげたいと考え、こんなふうに考えてみました。

1．車の使用年数や車への思い入れを訊いて修理方法を提案する。

2．修理するときの経済状況を訊いて、作業する職人が選べるようにする。

こんなふうにすることで、たとえば車を道具と考える人に対しては、中古部品を使い、経験の浅い職人が作業をする、目立たない程度の仕上がり、かつ安い料金で直すことを提案することできます。

車の使用年数や車への思い入れ、修理するときの経済状況に応じて、お客が「選んで頼めるメニュー」が功を奏して、口コミや紹介がどんどん広がりました。そして、**見積り客を100％受注する**ことができるようになったのです。

「覚悟」がなければ選ばれない

車の使用年数や車への思い入れ、修理するときの経済状況に応じて、お客が「選んで頼めるメニュー」をつくることで、仕事の受注率はどんどん高くなりました。口コミや紹介も増えて、町外から仕事を頼みに来てくれる人も増えてきたのです。

ところが、「選んで頼めるメニュー」だけでは、「この人に頼みたい！」という、「わたしを選ぶ理由」にはならなかったのです。

あるとき、「他の鈑金塗装工場と違って、直し方や直す職人で料金が選べるのはいいけれど、やっぱり予算に合わない」という人がいました。

このときわたしは、「それじゃ、場所と道具と材料をお貸ししますので、自分で直してみませんか？」と提案してみました。

すると、「えっ？　自分で直せるのですか？」とびっくりしていましたが、「作業は、わたしが指導しますから」というと、「やってみたい！」といって作業したのです。これが、洗車からスタートしたレンタルガレージの、セルフ鈑金塗装のはじまりでもありました。

車が好きで、自分で修理やメンテナンスをしている人たちは、「暴走族」や「不良」とレッテルを貼られていました。だから彼らが健全に車の修理ができる場所を提供することを決めました。

車が好きで自分で修理する人たちを、「暴走族」や「不良」といっている人は、道路運送車両法という法律を知らない人です。言葉巧みな同業者から騙されるかもしれません。だからわたしが、車に関する本当のことを教え守らなければならないと決めました。

この相反する人たちを守ることは、修理職人としてのわたしの使命であり、この仕事をやめない理由——「覚悟」となりました。

不思議なことに、わたしが「覚悟」を決めることで、集めようとしなくても人が集まり、「修理料金が高い」という人もいなくなりました。さらに、見積りできた人を100％受注できるようになり、クレームや無理難題を押し付けてくる人はいなくなりました。

POINT

サービス内容だけでは選ばれない。あなたに依頼したい理由が必要

3 ひとりでフランチャイズ本部がつくれる！

職人でも、大規模な企業でなくてもできる

周りの資源を活用すればコストをかけず本部がつくれる

場所と道具と材料を貸し出して、作業のわからないところを職人が指導する。これまでにない、自分で車が直せるレンタルガレージ。このノウハウを同業者に提供するフランチャイズを全国に展開しています。しかも本部は、わたしひとりで運営しています。

フランチャイズ本部をつくるというと、すごい大企業がすることと思いがちですね。でも、ひとりでつくれてひとりで運営できるのです。

商工会に加入していると、フランチャイズ本部の運営方法だけでなく、経営全般の相談やたくさんの支援が安い会員費で受けることができます。

わたしは、フランチャイズ本部だけでなく、チラシ広告の作り方やホームページの作り方の指導などを受けています。就業規則も、商工会を通じてエキスパートバンク（専門化派遣制度）を利用して無料でつくりました。

お客が考えた利用規約

レンタルガレージというサービスを運営する上で、一番重要な肝は、利用規約です。でも、一番重要な肝であるレンタルガレージの利用規約、実は、すべて会員である利用客がつくっているのです。わたしは、会員からいわれたことをパソコンで入力しただけです。

たとえば、朝、人をはね飛ばした車がレンタルガレージに来て、会員登録と同時にガレージを利用。人をはねて凹んだ部分を、その日のうちに修理し塗装することも可能です。そうするとレンタルガレージは、犯罪者の証拠隠滅に使われてしまうこともあるわけです。

そういうことができてしまうと、レンタルガレージの運営に影響が出てしまうということで、会員が会議を重ねてアイデアを出し工夫を重ね、悪いことの利用で使えないような規約を考えてくれているわけです。

重要なことは、利用する人にとって使いやすい規約であるということです。だから、提供する側のわたしが決める規則ではなく、利用する側のお客自身が決まりをつくる必要があったのです。

時間と分量が選べる利用料金

なにかのサービスを利用するとき、「1時間／○○円　1袋／○○円」という料金設定が一般的です。

でもこれって、お店側の都合で決められたものです。利用する側にとっては、1g。1個。1枚。1秒という最小単位で買えたらうれしいですね。

ただ、すべてにおいてということではなく、たとえば車の塗料をつくる場合、最低100gはつくらなければならないものもあります。それでも使う分量だけ買えるというのは、利用するお客にとってうれしいサービスです。

利用規約も料金も、サービスを利用するお客が決めるというやり方が面白いということで、栃木県でスタートしたレンタルガレージは、遠く離れた沖縄でも受け入られ、レンタルガレージ加盟店ができました。

成功すると話を聞いてくれる

わたしが考案し、利用するお客と一緒に開発したレンタルガレージは、遠く離れた沖縄でも受け入られました。このサービスは、テレビや新聞などで度々取り上げられました。

第三者が認める、ある意味「成功」といえるわたしの活動は、栃木県の小さな町でも受け入れられるようになりました。

最初は、「倉が立つと腹が立つ」という言葉通り、テレビや新聞に取り上げられると、ヒガミやヤッカミの言葉をずいぶんぶつけられたものでした。

でも、テレビや新聞に取り上げられる回数が増し、沖縄や東京に加盟店ができはじめると、私を取り巻く地元の人たちの態度も変わっていきました。

というよりむしろ、協力的な仲間が集まってきたのです。

POINT

お店の都合で決めない。お客の都合を受け入れる

4 待ちの職人から攻めの商人へ

一職人でも地域活性化で役に立てる！

商工会の職人仲間を集めて地域活性化

地方の人口が減少している地域をなんとかしなければならない。

わたしの住んでいる町に限らず、全国の小さな町や人口が減少している地域は、同じ悩みを抱えています。

わたしの開発した新サービス方式がうまくいったことで、地元の商工会の会員でもある工務店が、アドバイスして欲しいと相談に来ました。靴店や畳店も加わり、4人で勉強会を重ねました。わたしと工務店と畳店は青年部に所属していたこともあり、青年部主催でフリーマーケットを開催してみました。

このフリーマーケットでは、こういう意味を持たせました。

モノを売らずに、地域にいる生活者と出会いつながることが目的。つまり、「モノを売るな！」を合言葉にフリーマーケットを開催したわけです。

もちろん、売るなといったところで、お客で来る人は買いに来るわけですから、「欲しい！」という人には売るわけです。ただ、「売り込むことはしない」ということです。

では、このフリーマーケットでは、モノを並べてお客が「欲しい！」といってくるまでなにもしないか？　というと、そうではないのです。

1．自分のお店の存在に気付いてもらうことをします。

2．お客が訊いてくるようなことをします。

3．並べている商品を欲しくなる「動機付け」をします。

こういうフリーマーケットのスタイルにすることで、これまでお客が来るのを待っていた待ちの職人も、**お客を迎えに行く攻めの商人へと生まれ変わりました。**

固定型のアンテナショップで地域活性

これまでにないフリーマーケットを体感することで、職人たちも元気になり、地域にいる人たちと出会いつながることが楽しくなりました。ただ、フリーマーケットのような活動は、単発的であり、移動型のアンテナショップでしかありません。そこで、町に相談して、使用していない保育所跡地を借りることにしたのです。

わたしが代表を務めた都賀町商工会ものづくり工房事業の活動が、ちょうどNHK教育『ビジネス未来人』という番組で放送されたこともあり、運よく無償で借りることができたわけです。

この保育所を、商工会の職人グループで改装。固定型のアンテナショップに作り変えたのです。

ここでの主な活動は、これまでのフリーマーケットに加え、商品の常設展示販売。近隣農家の野菜の直売。さらには、職人グループが教える体験教室。これらの活動を6年間続け、現在は、地域の後期高齢者の方に管理運営を委託。商工会の一会員として支援を続けています。

ものづくりの原点と商いのはじまり

その昔、人は、生きるために獲物を捕らえ、木の実を取って食べていたわけです。で、たとえば獲物を捕らえる。そのとき、石をそのまま獲物にぶつけていたのではなく、木の枝に、木のつるを使って石を巻きつけたモノをつくって獲物を捕らえていたのではないでしょうか。

だとしたら、人のものづくりの原点ってここにありますよね？

つまり、生きて生き続けるためになんらかの道具をつくって獲物を捕らえる。捕らえた獲物を別につくった道具で食べやすい大きさに切る。焼く(煮る)。そうして器のようなモノに盛り、箸のような道具で食べる。その昔、人は、そうして獲物を捕らえ食べていたのだと思います。

継続可能な楽しい生活に必要なモノを自己責任でつくるというものづくりの原点だといえます。

道具をつくることが得意な人でも、獲物に立ち向かえない人がいて、道具はつくれないけれど獲物を捕らえることが得意な人もいたはず。そうすると物々交換が成立。ところが、道具もつくれず、獲物も捕らえられない人がいて、お金のようなもので獲物と交換するようになった。

こういうところに商いのはじまりがあるとわたしは考えています。

つまり、獲物を捕らえるのは、**生きて生き続けるためであり、売るためではない**ということ。

でも、自分でできないという人のために代わりに獲物を捕らえ分けてあげる。

現代の商いは、これの逆をやっているとしか思えないですね。

POINT

継続可能な楽しい生活に必要なモノをお客のためにつくる。それが現代の商い。

第2章

うまくいかない理由を考えよう！

1 なぜ、うまくいかないのか①
お店の存在を教えていない！

お客は、失敗しなくないのです！

あなたが買い物する場合、知っているお店と知らないお店のどちらで買いますか？

「知っているお店」と答えたあなた、それはどうしてですか？

実はわたし、地元で知らないお店に入ることはありません。子どものころは入ったことはありますが、そういうときは必ず、そのお店を利用したことのある人と一緒に行きました。

どうしてだと思いますか？

それはね――

「失敗したくない」からです。

自分の意見がうまくいえず、必要とするサービスが受けられなかった経験があるからです。言葉巧みな接客を受けて、金額に見合わない商品を買わされ騙されたことがあるからです。手抜き仕事なのに、やり直してもらえず泣き寝入りしたことがあるからです。

わたしのようなお客が知らないお店に入るには、「相当の覚悟と勇気」が必要なのです。だからあなたには、**「はじめての人が来店してもだましません」と宣言**してもらいたいのです。

どこでやっているか教えましょう！

「ウチがこの場所で商売しているのは知っているはず」って思っていますか？

それは大間違いです。

知られているのなら、親戚やお友達が来てくれて繁盛しているはずです。

あなたのお店（会社）はどこ（○○県○○市○○町○丁目○番地）にありますか？

地域にいる生活者の全員がその場所を知っているでしょうか？

知られていないのであれば、こんな方法で教えることもできます。

まずは、あなたの親戚とお友達にお店（会社）の場所を教えましょう。

次に、親戚とお友達の「親戚とお友達」にお店（会社）の場所を伝えてもらいましょう。

そうすることで、地域にいる人にお店（会社）の場所を教えることができます。

こんな簡単なことで、あなたのお店（会社）はどこ（○○県○○市○○町○丁目○番地）にあるのか知ってもらえます。しかも、お金はかかりません。頭も使いません。

重要なことは、あたり前のことをバカにしないでちゃんとやるということです。

あたり前のことをバカにしないでちゃんとやれば「地域1番店」になれるのです。

ただ、お店（会社）がどこにあるのかを知っていても、「どんなお店（会社）」なのかがわからないと利用しないですよね？　では、次にどんなお店か教えましょう！

POINT

あたり前のことをバカにしないでちゃんとやれば「地域1番店」になれる

2 なぜ、うまくいかないのか②
何屋なのか教えていない

どんなお店か教えましょう！

あなたのお店（会社）は、何屋であるか知られていますか？

町を歩いていると、看板もつけていないお店（会社）があったりします。また、看板はついているのだけれども、何屋だかまったくわからないお店（会社）が多いです。

「鈴木次郎商店」とか「田中行政書士事務所」などという看板では、何屋なのかがわかりません。

あなたの地域にいるお客は、あなたの会社名が知りたいのではありません。「どんなお店（何屋）」なのかが知りたいのです。できることややれることを、具体的な言葉でわかりやすく表現して欲しいのです。

○○自動車→**ぶつけた車を自分で直せる場所を貸しているお店**
○○会計事務所→**会社のやり方とお金の使い方を教えるお店**

ただ、どんなお店（会社）なのかがわかっても、「どんな商品（サービス）」を提供しているのかがわからないと利用しないですよね？

■どんな商品（サービス）なのかを教えましょう！

あるそば屋で、こんなことがありました。

「オレの打ったそばはね、食ってみりゃわかる」というのです。なるほど、このそば屋、まあまあ儲かってはいます。が、大繁盛とまではいきません。

「食ってみりゃわかる」というほどのうまいそばなのに、大繁盛していないのはなぜでしょう？

それはね――

新規客を集める「試しに食べてもらうしくみ」がないのです。

「食ってみりゃわかる」ほどの自信があるのなら、試しに食べてもらえばいいのです。
でもね――

食べてみた人が、確実に「また来てもらうしくみ」がないと大繁盛しません。

さらに、食べてみた人から「紹介してもらうしくみ」がないとやっぱり大繁盛しません。

あなたも、「食ってみりゃわかる」＝「いい商品（サービス）」を持っているのなら、「試してもらうしくみ」を作りましょう！

どんな人か教えましょう！

お店（会社）の場所、何屋、提供している商品（サービス）はわかりました。だからお店（会社）に入りたいです。買いたいものがあるのです。でもわたし、買い物しないで帰ってきたことがあります。

それはね――

お店（会社）の人が「入り口で仁王立ちしている」からです。

お店（会社）の人が「奥からジッとこっちを見ている」からです。
お店（会社）の人が「売る気マンマンでいらっしゃいませ！ を連呼する」からです。
お店（会社）の人が「売る気マンマンでお客様お似合いです！ を連呼する」からです。

強引な接客（営業）をしないお店です。
ご用がありましたらお声がけください。

こんな言葉を書いて掲示するだけで、「お客の気持ちがわかるお店」であることが伝わりますよね。

POINT
「食ってみりゃわかる」ほどの自信があるのなら、試しに食べてもらえばいい

3 なぜ、うまくいかないのか③ お客を迎えに行っていない

お客が来るのを待っている

「きょうは雨っぷりかぁ～ これじゃお客は来ねぇよなぁ～」
「こんなにいいお天気じゃ、お客はどこかへ遊びに行っちゃったよなぁ～」

お客が来ないことをお天気のせいにしていませんか？

お店（会社）を開ければ、お客が来る。そう、決めつけていませんか？

実店舗を持って営業しているあなたは、「お客はお店（会社）に来るもの」と決めつけていますが、それは間違いです。お客は、生活に必要なものや欲しいものが手に入るのなら、どんなお店（会社）からでも買います。

たとえば自宅の近くにときどき来てくれる「引き売り業者」や「訪問販売業者」からも買い

ます。自宅にいながら買い物ができる「テレビショッピング」やカタログ雑誌の「通信販売」を利用して買います。インターネットの「ショッピングサイト」からも買います。

お客は、これまでのようにあなたのお店（会社）に行って買い物するとは限らないのです。お店（会社）で買い物していると「断れないから入らない」という人や、「近所で気まずくなるのがいやだから行かない」という人も最近多くなりました。

つまり、お客があなたのお店（会社）に行かなくなったのは天気のせいではないのです。

世の中の流れは大きく変わりました。そして変わり続けています。

あなたのお店（会社）が関わる業界の大手も、やり方を変えています。

それに合わせて、消費者である生活者の生活スタイルもどんどん変わってきています。

変わっていないもの、それはね――

いつもの時間にシャッターを開け、仕入れた商品を並べ、それなりに掃除をする。新聞を読み、お茶をすすりながらお客が来るのを待っている。そういう、これまでとまったく変わらない日常を過ごしているあなたのお店（会社）だけです。

お客を迎えに行っていない

「お客が来ない」と文句をいう前に、どうしてお客が来なくなったのか？

お客は、なにを求めて、どこに行ったのか？　これを調べてみることが大事です。

実店舗を持って営業しているお店（会社）でも、置き薬屋や引き売り業者のように、店舗の外に出かけて営業しているお店（会社）もあります。なのに、逆に、酒屋やクリーニング屋、呉服売りのおばさんのように、店舗外の（昔懐かしい御用聞き）営業をやめているところも多いです。

これって、実にもったいなぁと思うのです。残念でなりません。せっかくのお客とつながる接点を自ら断ち切ってしまっているのです。

実はわたし、フリーマーケットにお客を迎えに行くのが大好きな自動車屋（現在は元社員がフランチャイズ店舗として運営）でした。

交通事故で壊れた自動車を元どおりに直すのがわたしの仕事です。

カーディーラーの100%下請け工場なので、わたしの工場に直接来店する人はいなかったのです。だから、下請けの仕事がなくなったときのために、地域にいる人たちと出会いたかったのです。つながりたかったのです。交通事故で壊れた自動車を、わたしが元どおりに直せることを教えたかったのです。そのために、たくさんの人が集まるフリーマーケットに迎えに行った（出店した）のです。

フリーマーケットは、地元商工会会員の職人と主催しました。地域にいる手作り品を作る女性にも出店を呼びかけました。テレビや新聞各社が、「商工会の職人グループが主催する〝風変わりなフリーマーケット〟」を放映、掲載してくれました。その効果は絶大で、人口1万3000人の小さな町で、第一回目の開催から2000人を集めることができたのです。

同じ地域にいても知らない人ってたくさんいます。商売をしているのですから、知らないおじさんでいるよりも、**お客を迎えに行ってでも、知っている人になる**ことが大事です。

POINT

地域の人にとって、「知っているおじさん」になることが大事

4 なぜ、うまくいかないのか④
うまいカレーライスを作っていない

失敗したくない

「お客さんが来ないなら、チラシ広告を上手に書いて新規客を集めましょう！」といっている、実店舗を運営しているサロンオーナーがいます。その人は、本を書いているほどの人です。が、それって「変」ですよね？

お店（会社）って、潰れずに現在も営業しているのなら、既存のお客がいるわけです。この既存のお客がまた利用してくれるか、（既存のお客の中で亡くなる人や引っ越す人も若干いますので）既存のお客が知り合いを紹介してくれていれば商売はうまくいくわけです。

売上＝お客の数×単価

それでも「お客さんが来ないなら、チラシ広告を上手に書いて新規客を集めましょう！」ということは、「うまいカレーライスを作っていないから既存のお客が流出」していて「固定化」されていないということの証明ですよね。

テレビで観たことがある人もいるでしょう。

お店の開店前から行列ができているお店。一日中行列がとぎれないお店。一日の予定数だけ売れると閉店してしまうお店。あなたもテレビで見たことありますよね。

こういうお店は、必ず、「うまいカレーライス」を作っています。

あっ、ここでいう「うまいカレーライス」というのはこうです。

お店（会社）に入るまでの印象。入ってからの雰囲気や接客対応。提供された商品（サービス）の質。これらを五感で受け、期待以上の価値を与えてくれるものをいいます。

お店（会社）は、「うまいカレーライスを作るべき」です！　これは絶対条件です！

あたり前のことをバカにしないでちゃんとやれば作れるはずです。作りましょう！

だってお客は、失敗したくないのですから。

あなたも一回くらい経験したことがあるでしょう。「よくもこんなにまずいカレーライスがつくれたな！」って、怒鳴りたくなるようなお店（会社）に行ったことが。わたしはありました。

入りたくない雰囲気丸出しの玄関。テーブルの片隅にしおれかけたシクラメンの植木鉢。天井にはインコがいて、床にはねこが長くなって寝ている。待ちくたびれたころやっと出てきたカレーライス。「こんなカレーライス家でも食べたことない！」というまずさ。

うまいカレーライスを作らないお店には、親戚や友達も近所の人も来ませんよね。

だまされたくない

だれだって楽しい毎日を過ごしたいです。失敗したくないし、騙されるのは嫌ですよね。まして、お金を払って騙されたくないでしょう？

断れないから入れないのです。

騙されたくないから入れないのです。

第1章―1「お店の存在を教えていない」でも書きましたが、あなたは、お店（会社）の玄関で、「はじめての人が来店してもだましません」って宣言していますか？

「まずいカレーライス」を作って提供していませんか？

商人は、「うまいカレーライスを作るべき」です！　これは絶対条件です！

あたり前のことをバカにしないでちゃんとやれば作れるはずです。

あなたの親戚やお友達が毎日楽しく暮らすために、あなたは、その道に携わるプロとして「うまいカレーライス」を作りましょう！

チラシ広告にムダなお金をかけずに、1度食べた人がまた食べたくなる。この次食べに来るときにはお友達を連れてきたくなる「うまいカレーライス」を作りましょう！

POINT

「うまいカレーライス」＝「期待以上の価値を与えてくれるもの」を作る！

5 なぜ、うまくいかないのか⑤
他との違いを教えていない

違いがわからない

ふつう、知らない人と知っている人がいたら、知っている人のお店（会社）に行きます。だって失敗したくないですから。騙されたくないですから。

じゃあ、同じくらい知っている人が2人いたら？　あなたは「なにを基準」にお店（会社）を選びますか？

逆に、あなたのお店（会社）が選ばれるとしたら、「なにを基準」に選ばれたいですか？

あなたのお店（会社）は、同じ町の同業者と比べて「なにが違う」のでしょう？

あなたの地域にいる生活者は、あなたのお店（会社）に行かないのではなく、「選ぶ理由（同じ町の同業者との違い）」がわからないのです。

たとえば、同じ町の同業者と比べて「金額が安い」からいつもたくさんのお客が来てくれている。これだとアウト！　ですよね？　だって儲からないでしょ？　儲からないだけじゃなく、文句やクレームをつけてくる、「面倒くさいなあ～」と思うお客ですよね？　来て欲しくないお客でしょう？

そうなんです――

「金額が安い」を選ぶ理由に集まって来る人に「いいお客はいない」のです。

だから、同じ町の同業者と比べて「なにが違う」のかをお客に示すとき、「金額が安い」を「選ぶ理由（同じ町の同業者との違い）」にしてはいけません。自分の首を絞めるだけです。

同じ町の同業者と比べて「なにが違う」のかを考えるとき、こういうところにポイントをおいて考えてみるといいでしょう。

地域にいる「どんな人」にとって、「なにが得」なのか？「なにが変わる」のか？「なにが解消・解決」されるのか？「どんな願望や欲求」が叶えられるのか？

そして、「なぜできる」のか？「どういう方法」なのか？「どういう経験」があるのか？「どれくらいの実績」があるのか?

価値がわからない

「韓流スター」が汗を拭いたタオル2000円
メタボリックなお父さんが汗を拭いたタオル2000円

どちらを買いますか?

メタボリックなお父さんが汗を拭いたタオルが欲しい! と思った人って、いますか? いないですよね、たぶん。なのに、「韓流スター」が汗を拭いたタオルなら、「2000円以上出してもいい」というヨン様ファンの女性って、多いのではないでしょうか?

つまり、「韓流スター」が汗を拭いた」そのタオル。だから「欲しくなる」。そこに価値を感じているわけですよね。同じ男なのですけれどね……。

つまり――

あなたのお店(会社)で提供している商品(サービス)が思うように売れないのは、「『韓流スター』が汗を拭いたタオル」みないな、お客が欲しくなる「価値」が、わかりやすく伝えられていないということです。

「どこでも売っている商品だから、大量に仕入れて安く売るスーパーや大手には勝てない」という店の店長がいます。これって本当にそうでしょうか？

わたしが指導する食料品を売るお店から、こういう報告が届いています。

「半年分の販売数を2日で完売しました！　しかも、安売りせず定価での販売です」

詳しくは、第6章の事例でご紹介しますが、このお店、市外どころか、自治会の区域以外から買い物客が来ることのない、市道から奥の奥に入ったところにあるお店です。決して販売条件のいい立地ではありません。むしろ、「ここで商売をしているのですか？」と訊き返したくなるような田舎にあるお店です。そういうお店でも定価で販売できるのは、「**あなたが勧めるから**」というところに「価値」を感じて、定価で「買う理由」になっているのです。

POINT

お客が欲しくなる「価値」を、わかりやすく伝える

6 なぜ、うまくいかないのか⑥ 新メニューを作っていない

飽きて呆れられている

既存の商品（サービス）の価値をわかりやすく伝えることで、売れる商品（サービス）になります。

既存の商品（サービス）の新たな使い方を提案するとさらに売れます。

ところが、既存の商品（サービス）ばかり提供していると、既存のお客は、刺激や感動もなくなり、これまでの商品（サービス）をいずれ買わなくなります。

わたしの地元にある老舗の和菓子屋さんの大福は天下一品です。毎日、作った分だけ売れる盛況ぶりです。

ところが、景気の後退とともに、日増しに売れ行きが落ちてきたのです。

そんなときです。

老舗の和菓子屋の主人はこういいました。

「景気のせいだ。景気さえ良くなればまた売れるさ」

しかし、景気は良くなるどころかますます悪くなっていきます。

そうすると老舗の和菓子屋の主人は、こういいました。

「政治のやり方が悪い。大福が売れないのは政治のせいだっ！」

本当にそうでしょうか？

和菓子屋の主人がいうとおり本当に政治のやり方が悪いのなら、日本全国の大福が売れなくなります。でも、景気が悪くても、売れている大福を作る和菓子屋もあるわけです。

売れる、売れないの違いは、どこにあると思いますか？

実は、老舗の和菓子屋の大福が売れなくなったのは――

既存のお客が、**慣れ親しんだ大福に飽きていた**のです。で、**それを作り変えてくれない和菓子屋に呆れてしまった。**そういうことだったのです。

■いまを変える勇気がない

実はその老舗の和菓子屋、その後、大福がまた売れるようになったのです。しかも、売れ行きは以前の2倍です。

大福がまた売れるようになったのは、次のような理由です。

1．既存のお客に大福を買わなくなった理由を聞いたのです。
2．既存のお客にどうしたらまた大福を買うのかを聞いたのです。
3．既存のお客に聞いた意見を元に、大福を作り変えたのです。

で、新たな素材を加えて作り変えた「いちご大福」が売れたのです。

いまではあたり前の「いちご大福」ですが、「新たな素材と組み合わせた新商品の開発」ですから、立派な経営革新（新たな取り組みによって経営の相当程度の向上を図ること）です。

ところが、いまを変えられないお店（会社）がすごく多いです。いまを変えられない理由をあげたらきりがないほど出てきます。わたしは、そういういまを変えられないお店（会社）を「ずるい人」といっています。

それはね——

商人の役目は、「地域にいる生活者の楽しい生活を支えること」です。ところが、**いまを変える勇気がないから、生活者が欲しくない商品や楽しくないサービスを自分の都合（これまでどおりなら楽で儲かるやり方）で工夫もせずに提供している人だから**です。

商人の役目は、「地域にいる生活者の楽しい生活を支えること」です。

POINT

生活者が欲しくない商品を、自分の都合で作って売っている店は、ずるい

7

なぜ、うまくいかないのか⑦
お客の声を訊いていない

作る側のこだわりを押しつける

お客は、「なに」にこだわるのではなく、「なぜ」にこだわって欲しいのです。

ここでいう「なに」にこだわるのではなく、「なぜ」にこだわるというのはこうです。

お店（会社）の人は、自分の作業性や効率化、あるいはコストや仕上がり感などの都合を考えて商品（サービス）を作っていますよね？

つまり、「作業性」にこだわる。「効率化」にこだわる。「コスト」にこだわる。「仕上がり感」にこだわっています。これがお店（会社）の人がこだわる「なに」です。

でも、お客は、お店（会社）の人の「なに」にこだわる商品（サービス）は欲しくありません。だって**お客は、健康で長生きしながら、毎日楽しく暮らしたいだけ**なのですから。しかも、安全な食べ物や使う物、楽しむことを利用して安心して暮らしたいだけです。
つまりお客である生活者は、こんなふうに考えているのです。

わたしたちが楽しむため、どんなことにこだわってくれているの？
わたしたちが安全に使うため、どんなことにこだわってくれているの？
わたしたちが安心して食べるため、どんなことにこだわってくれているの？
わたしたちが健康で長生きするため、どんなことにこだわってくれているの？

「消費は買い手市場」といわれています。が、それは違う！
お客である生活者はいつだって受身。
だから――

提供者であるお店（会社）は、「なに」にこだわるのではなく、「なぜ」にこだわって欲しいのです。
あなたも、１人の生活者としてそう思うでしょう？

試しに食べさせないから売れない

年間2000万人が訪れる商店街が神奈川県鎌倉市にあります。鎌倉駅を出て左方向に数10メートル歩くと「小町通り商店街」はあります。

この「小町通り商店街」のすごいのは、雨が降っている平日でも、お祭りやイベントでもやっているのではないか？　と勘違いするくらいの人・ひと・ヒトでにぎわっているところです。

ところが、「小町通り商店街」を体感して驚くのはこうです。

買い物をしているお客がいる。買い物をしたお客が出てくる。次に入るお客が待っているお店の隣で、お客がまったく入っていないお店があることです。

この違いがわかりますか？

それはね――

お客がいて売れているお店を観察していると見えてくるのです。お客が入っていないお店を観察しているとわかるのです。

お客がいて売れているお店は、商品（サービス）を試すことができるようになっています。

たとえば漬物店。こちらは漬物の試食ができます。また、おせんべい屋。こちらは「揚げたてのおせんべい」が試食できます。さらに、豆専門店。こちらはなんと！「全商品試食」できます。もちろん大繁盛しています。

ところが、です。お客が入っていないお店はこうです。

お店（会社）の人が「入り口で仁王立ち」しています。

お店（会社）の人が「奥からジッとこっちを見て」います。

お店（会社）の人が「売る気マンマンでいらっしゃいませ！　を連呼」しています。

お店（会社）の人が「売る気マンマンでお客様お似合いです！　を連呼」しています。

お客の気持ちを無視しています。これでは入りたくても入れません。

POINT

あなたのお店（会社）では、お客が「試せるしくみ」はありますか？

8 なぜ、うまくいかないのか⑧ 持っているものをうまく使っていない

情報を受け取っていない

あらゆる情報が安価で受け取れる現代。テレビやラジオ、新聞やインターネット。あるいはあなたが加盟している各種団体から、有益な情報やチャンスを含む情報を受け取ることができます。

たとえば商工会や商工会議所に加盟していると、有益な情報の詰め込まれた封書が定期的に届きます。

ところが、「この開封率が悲しくなるくらい低いのです」と数名の商工会・商工会議所関係者から聞いたことがあります。

また、封書を開封していても、わからないことがあったとき、聞いてくる会員は稀だとも聞

いています。実にもったいない話です。

ビジネスチャンスを逃さないためにも、**いまある資産を有効活用して新事業を開発**する。新商品（サービス）を開発する。そのためにも、意識を高く持って行動しましょう！

意識を高く持ち目標を掲げ、計画を立て、目的と狙いを決め、目標を達成させるためのアンテナを張ります。そうすることであたり前に封書を開けます。わからないことがあればすぐに電話して訊くようになるものです。いますぐお試しください。

モノをうまく使っていない

いまは使っていないけれど、捨てるに捨てられず物置や倉庫にしまってある。いわゆる「不用品」って、どれくらいありますか?

不用品と同じように、来店客が少ない店舗。1日数時間しか使わない設備や機器。こういう場所やモノが空いているときってもったいないですね。

たとえば来店客が少ない○○屋。だったらおもいきって在庫を減らします。すると空きスペースが作れます。

空いたスペースを「地域にいる生活者が集まりたい場」として提供してみる。「空き店舗を探している起業する人」に貸してみる。そうしたことが考えられます。

人をうまく使っていない

社員やパートの中には、現在就いている業務以外に優れた技術や技能を持っている人もいます。事務職や製造の仕事に従事していながら、実は個性的で人当たりのいい人がいたりします。が、実際には活かされていないこともあります。これって、もったいないですね。

「パソコンが使えないのです」という店長。パートで働いている女性、実はブログを書くことが大好きだったりします。

パートのお仕事の中に、お店のブログを書く仕事を入れてください。パートで働いている女性にお店のブログを作ってもらいます。「ブログを見た」というお客が来店されます。お客がご自身のブログにお店を紹介するブログ記事を書きます。「紹介ブログ記事を見た」というお客がお店に来店します。

いつの間にか、お店は「ブログを見た」というお客でいっぱいになります。この話を「夢物語」とか「絵に描いた餅」だと笑いますか？

お金はかからないのです。「試しにやってみる価値」はあります。

時間をうまく使っていない

どんなお仕事にも「空いている時間」や「空いてしまった時間」があるものです。これを有効に活用したいところです。

「空いている時間」や「空いてしまった時間」を有効に活用する際、お店（会社）の、ある商品（サービス）に限定した予約制のしくみを作るというやり方もあります。

また、有料の会員制にして、特定のお客だけ利用できるようにします。こうすると、「空いている時間」や「空いてしまった時間」を有効に活用するだけでなく、お金をいただきながら優良のお客を管理することもできます。

ここでも、まずは**「2～3人のお客から試しに始める」のがコツ**です。

POINT
いますぐ使える素材がたくさん埋もれている

9 なぜ、うまくいかないのか⑨
仕事をする覚悟や本気度を見せていない

営業時間通り閉めるお店（会社）はいらない

営業時間通り営業するのはあたり前です。が、営業時間終了間際に来店したお客を「バッサリと切る」というのはいかがなものでしょう？

営業時間終了間際に来店するお客にしてみれば、時間外割増料金を払ってでも対応してもらいたいものです。営業時間終了間際にお客が飛び込んで来るなんて毎日のことではないのですから、臨機応変に対応したいですね。

そういう対応ができず、「営業時間通り閉める」お店（会社）はいらないです。

だって、そういうお店（会社）は、「仕事をする覚悟や本気度」がないのですから。

ここでいう「仕事をする覚悟や本気度」というのはこうです。

1．「なぜ」この仕事をしているのか？
2．「なぜ」自分がやらなくてはならないのか？

この2つの答えが、あなたがいましている仕事をする本質です。仕事をする本質が決まると、「営業時間は終了しました」なんてことを軽々しくいわなくなります。仕事をする根幹がブレなくなります。「仕事をする覚悟」になります。

さらに——

「材料や道具にこだわって美味しいものを作る」という「なに」にこだわるのではなく、「なぜ」（わたしたち生活者のために）そこまでこだわるのかという覚悟が決まります。

そうすることで商品（サービス）を作る本気度が伝わります。商品（サービス）の価値が高まります。「仕事をする覚悟や本気度」をお客に見せましょう！

覚悟や本気度を見せないからお客になめられる

お客：「ホットウーロン茶ください」
店員：「あっ、ホットウーロン茶はありませんので……」
お客：「えっ？　アイスウーロン茶があるのだから、「ホットウーロン茶」も出せるでしょ？」
店員：「いえ、メニューにないものは出せません」
お客：「温めればいいだけじゃん。じゃあアイスウーロン茶でいいよ」

こういうやり取りを聞いてどう思いますか？

1．わがままなお客だ
2．それくらい対応すればいいのに
3．いますぐメニューに追加する

あなたならどう対応しますか？　これって、どれが正解ということではないのです。

大事なことは、この対応を**「他のお客も聞いている」ということを意識して対応する**ということです。そして、想定できることはお店（会社）として決めておくということです。

いちばん悪いパターンは、優柔不断な対応です。

そもそもお客はわがままです。右も左もわからない子どもと一緒です。でも、右も左もわからない子どもでも、時間をかけてわかるように教えてあげると聞き分けます。

「ウチのガキはいうこと聞かねぇよっ！」なんていう人もいます。が、それって、「わたしはバカで、育て方が間違っていました。」といっているようなものです。「ウチのお店（会社）に来るお客は……」なんていっている人も同じです。

「メニューにないものは出せません」といえる覚悟や本気度を見せないからお客になめられるのです。お店（会社）が提供する商品（サービス）に感動し満足する。尊敬し信頼して価値を交換してもらう。そうするために、言葉が悪いですが、お客を躾・教育することが大事です。

POINT
「なぜ」こだわるのかに答えられれば、お客に本気度が伝わる

第3章

「売る」前に「つながり（接点）」をつくる

1 「○○」して売上が落ちてしまった

なぜか売上が落ちる4つの失敗

選ばれない、売れていないお店（会社）はこんな感じ

4つの失敗から学んでください。

①「集客」して売上が落ちていました。
②「安売り」して売上が落ちていました。
③「プレゼント」して売上が落ちていました。
④「売り込み」して売上が落ちていました。

現在は売れているわたしの会社も、以前はこういう経験をしています。

「売上アップのきっかけをつくろう！」と考え、いろいろな「工夫」をして売上をアップさせたのです。

ここでは、わたしがどんなことで売上を落としていたのか、４つの失敗から学んでください。

■「集客」して売上が落ちてしまった

お店（会社）はお客が来なければ物が売れません。サービスを受けてもらえません。売上がつくれません。だからお店（会社）が潰れます。あたり前です。屋台のラーメン屋も世界のトヨタでも同じです。お客が来なければお店（会社）は潰ぶれます。潰れたくないお店（会社）はお客を集めようとします。

でもこれが間違いです。

だって、お店（会社）に**「集められたい」人はいません**から。

多くの生活者は、自分の楽しい生活に必要なものやこだわりを手に入れるためにお店（会社）に行きます。つまり生活者は、集められてお店（会社）に行くのではなく、自分の意思でお店（会社）に行くのです。だから、お店（会社）の都合による販売促進活動に生活者は反応しないのです。

自動車鈑金塗装の仕事で独立したわたしは、カーディーラーの下請けでした。下請けから脱却する際、こんな大失敗をしていました。

新しいサービスをつくり地域にいる生活者に知らせるとき、チラシ広告を使いました。50万円くらいかかりました。ところが、チラシ広告を見て工場に来てくれたのはたったの5人です。5人のうち見積もりしたのは3人です。受注できたのはたった1人です。

印刷屋から、「谷田貝さん、次のチラシは何枚くらい撒きますか?」といわれたわたしは、「チラシはもう撒かないです」と答えました。

すると印刷屋は、「これまでだれもやったことのないサービスなのだから、1回くらいチラシを撒いたくらいじゃ地域の人もピンとこないですよ。まぁ、3回くらいは撒かないと反応しないよね」というのです。

わたしはすかさず「出世払いでいいのなら何回だって撒きますよ!」と、半ば怒りをこめていいました。

すると印刷屋は、「結果がいいか悪いかは、印刷屋に関係ないし責任もないからね」というのです。

言葉が悪いですが、「コノヤロウ!」と思いました。

わたしははじめてのチラシ広告で失敗しました。

でも失敗したのは、チラシ広告の書き方や書いた内容が伝わりにくかったということだけではないのです。チラシ広告で失敗したのは、自分の都合しか考えていなかったところが問題だったのです。

わたしは、カーディーラーの下請けから脱却したかったのです。下請けから脱却するために「**直接のお客が欲しかった**」のです。だからチラシ広告で集客しようとしたのです。サービスを利用する人の気持ちなど考えていなかったのです。

だから、**チラシ広告のやり方で失敗したのではなく、商い以前の「人と人のつながり方」で失敗した**のです。

結果、間違ったところにお金を使い、これまでに稼いだ売上を失ったわけです。

■「安売り」して売上が落ちてしまった

お店や会社はどうして「安売り」するのでしょうか？

「安くしないとお客さんが買ってくれないのです」「高いと、安いお店にお客さんが行っちゃうのです」

第2章でも書きましたが、それは違います。

安いには安い理由があり、高いには高い理由があることを、お客にわかりやすく教えていないから安いものを買い求めてしまうのです。

わたしは新しいサービスをはじめたとき、「無料体験サービス」をしました。無料なので、利用する人はたくさんいました。でも、忙しいわりに粗利が薄く売上を落としました。売上だけではなく、信用も落としました。

「無料体験サービス」を利用する人の中にはわがままな人もいます。わがままな人は無理な注文も多いです。無理難題を押し付けてくるわがままな人に時間を取られ、大切なお客に時間が取れないこともありました。

答えが出そうもない質問をしてくる人がいます。時間を取られながら対応していると、「社長さん忙しそうだからまた後で来るよ」という具合に、大切なお客が呆れて帰ってしまうことが何度もありました。

また、わがままな人はなんでも無料でもらえる。どんなことでも無料でできるものだと勘違いしている場合が多いです。

「ここからはお金がかかりますよ」と話をすると、「なぁんだ、お金を取るの?」「ケチだね」という人もいます。正直、頭にきます。

でも、これらのやりとりを思い返し、冷静になって考えると、お客を集める手法として効果的なのは「無料体験サービス」だということに気づきます。

そして、「無料体験サービス」を実施して、そうしたわがままな人に対応してきた経験から得た**3つの教訓**があります。

1. わがままな人とつながらない方法を考える
2. サービスの価値がわかる人とつながる
3. サービスの価値をわかりやすく教えるしくみをつくる

そして、この3つの教訓を活かして決めたことは、会員制です。

会員制というと、「お客に嫌われるんじゃないの？」、「個人情報の漏洩に敏感な人が入らないんじゃないの？」という人もいます。が、それは勘違いです。

わたしは、「無料体験サービス」を実施して、自分がお客の立場になって考え会員制にすることを決めました。

自分がお客として実際に会員になっているお店があります。どうして会員になったのかを思い出してみました。

1．会員にならないと注文できないメニューがある。

2．会員にならないと利用できないサービスがある。

3．会員限定価格で商品やサービスが購入できる。

会員制のしくみを使うことで、安いには安い理由があり、高いには高い理由があることをお客にわかりやすく教えることができます。

わたしは、これまでにない（多分、世界初の）「レンタルガレージ（使用者が自分で車の修理をする際の、場所と道具を貸し出し、作業のわからないところを職人が無料指導する施設）」というサービスをつくりました。このサービスを提供することで、有料の価値がわかる優良会員だけを集めることができたのです。

しかも、会員制のしくみを使うことで、これまでにない入会金（２０００円）という（粗利１００％の）「売上（多いときで12万円／月）」をつくることができたのです。

いまでは、有料のサービスに「ある理由」をつけて半額にしています。ときには無料にすることもあります。「ある理由」というのは、だれもが「それはもっともですね」と納得する理由です。

■「プレゼント」して売上が落ちていました。

お店や会社はどうして「プレゼント」するのでしょうか？

「プレゼントがないとお客を呼べないのです」
「プレゼント品がないと買ってくれないのです」

そう嘆くお店がたくさんあります。

しかし、プレゼントをすると売上は落ちます。実際、わたしもそうでした。

どんなプレゼントかというと……、車の消耗品や花火です。

プレゼントをするのは、リピートや紹介、口コミをしてもらいたいという下心があるからです。これはお客に**「助平根性」としてバレバレ**なのですね。だから、プレゼントをあげてもリピートや紹介、口コミにはつながらないわけです。逆に、「安っぽい消耗品なんか使わないから」といわれました。「花火でウチの子が火傷したらどうするんですか！」なんて怒られたこともありました。

結果、プレゼントを仕入れて売上を落としたことがあります。


ある夏の日、大量のきゅうりが集まりました。夏なので、ナスやトマトやトウモロコシもあるはずですが、この日に限って、近所の農家の知り合いが口を合わせたようになぜかきゅうりを持ってきたからです。

わたしは、「もらったもので悪いのですが、もらっていただけると助かります」と、来店したお客におすそ分けしました。

すると――

「地場産のお野菜をいただけるなんてうれしいです！」「農家の方がつくった野菜を直接いただけるなんてうれしいです！」というのです。

さらに、「今度は有料でいいので、また分けていただけますか？」という人もいて、びっくりしました。それは、わたしの家でも惣菜畑があり、家でできる野菜を食べるのがあたり前になっていたからです。

つまり、プレゼントは、お金をかけたすごいものでなくていいのです。身近にあるものでも、そのものの価値や自分の仕事の価値を同時に教えることができるのです。

「売り込み」して売上が落ちてしまった

第2章でも書きましたが、売り込みを喜ぶ人はいません。

ところが、大手のデパートや高級品を扱う専門店などでは、いまだに売り込みをしてきます。

わたしは元々がんこ職人。職人気質から売込みという行為が大嫌いです。というか、売り込みなどできないタイプです。

なのに、そのわたしが売り込みに手を出し大失敗しました。
そして、結果的に売上を落としました。

新サービスをはじめることで、これまでにない入会金（２０００円）という（粗利１００％の）「売上（多いときで12万円／月）」をつくることができました。と同時に、新サービスに登録するほとんどの人は、なんらかの作業をするのです。なので、作業をする場所を借ります。修理に必要な材料を購入します。

つまり、（使用した時間に応じた）場所代と（使用した分量に応じた）材料代をいただけるわけです。さらに、自分でできない作業を依頼してくる人もいます。そうすると、本業の仕事として修理代がいただけるわけです。

こうして、新しいサービスを提供することで、本業の「修理代」＋「入会金＋場所代と材料代」を稼げるしくみがつくれたわけです。

そうすると今度は、「もっとたくさん稼ぎたい」という欲が出てきます。稼ぐ＝悪いことと思う人もいるようですが、それは間違いです。わたしの稼ぎ＝お客の喜び。これをお金というツールで等価交換するわけです。だから「稼ぐ＝悪いこと」ではないのです。

ただ、「もっとたくさん稼ぎたい」という欲が出たわたしが次にしたことに問題があったわけです。

それは――

自分の車の修理作業をしているお客に営業してしまったのです。

「ここの凹んでいるところね、○○円でキレイになるよ！」

すると、こういわれたのです。

「その顔、100万円で整形できるけど、どうですか～」

見事な切り替えしでした。みんながみんな、お金を出してきれいにしたいわけではない。

このやりとりがあって、「お客が訊いて来るしくみ」がつくれたのです。

売上アップのきっかけをつくろう！

選ばれない、売れていないお店や会社は「集客」して売上が落ちていました。「安売り」して売上が落ちていました。「プレゼント」して売上が落ちていました。「売り込み」して売上が落ちていました。

これではお店は潰れてしまいます。

お店や会社を潰さず繁栄させる秘訣は集客しないことです。

安売りしないことです。

プレゼントしないことです。

売込みをしないことです。

集客せず、安売りもせず、プレゼントも売り込みもしないでお店を潰さず繁栄させるたった
ひとつの方法は、**一度買ってくれた人にまた買ってもらう**。これに尽きます。

一度来てくれたので「集客の必要」はありません。

一度買ってくれたから「安くしなくても」買ってくれます。

一度買ってくれたから「プレゼントしなくても」買ってくれる人です。

あたり前ですが「売り込まなくても」買ってくれます。

なのに、ほとんどのお店や会社が、一度買ってくれた人にまた買ってもらうことを考えない
のですね。言葉が悪いですが「売りっぱなし」です。

だから次の来店につながりません。で、チラシ広告をバラ撒いて売上を落としています。

一度買ってくれた人にまた買ってもらいたいのなら、「売りっぱなし」にしないことです。やることは簡単。**次の来店をお客と約束するだけ**でいいのです。

たとえば床屋なら、次の来店をお客と約束する。どんなふうにやるのかというと、お会計のとき、次回のご来店を約束する。これだけです。

実はコレ、多くの歯医者がやっていることです。床屋も、地元の歯医者で経験しているはずです。「予約」です。同じことを、ご自分のお店でもやってみてください。

こんな簡単なことで、いま来てくれているお客にまた来てもらうことができます。同じように、集客せず、安売りもせず、プレゼントも売り込みもしないでお店を潰さず繁栄させるには、**地域にいる人がお店に来る〝きっかけ〟をつくればいい**わけです。では、次から、たくさんの「きっかけ」をお話していきましょう。

POINT
一度買ってくれた人にまた買ってもらう

2 新規客とつながるきっかけは「○○」だった

つながる方法はたくさんある

きっかけはこんな感じだった

地域にいる人にお店に来てもらうきっかけとなるのは、いくつもあります。
わたしがオススメする5つのきっかけをご紹介しますね。

1. きっかけは「ツール」でした。
2. きっかけは「既存客」でした。
3. きっかけは「団体」でした。
4. きっかけは「ネット」でした。
5. きっかけは「テレビ」でした。

まずは、「ツール」から説明していきましょう。

きっかけは「ツール」だった

新規客とつながるきっかけをつくる「ツール」はたくさんあります。

お店の存在に気づいてもらうためお店の壁面に付けている看板やお店の前に置くA型の看板や商品・サービスに気づいてもらうため店内の壁に貼り付けているPOPやテーブルに置いているPOPも、お客にお店に来てもらう「きっかけのツール」です。

また、この次もお店に来てもらうためのクーポン券やポイントカード、お友達をご紹介してもらうためのご優待券やご紹介カードなども、お客にお店に来てもらう「きっかけのツール」です。

「きっかけのツール」は、こんなふうに使います。ここ、重要です。

「きっかけのツール」に「させたい仕事」を決める。

これは、どういうことかというと、第2章にも書きましたが、「看板」も、お客にお店に来てもらうために使う「きっかけのツール」です。が、何屋だかわからない看板では、あなたのお店のことを知らない地域の生活者に来てもらえません。つまり、何屋だかわからない看板では「きっかけのツール」とはいえません。

「きっかけのツール」に「させたい仕事」というのはこういうことです。

1. 地域にいる生活者に、お店の存在を気づかせる。
2. 地域にいる生活者のどんなお役に立てるお店か知らせる。
3. お店にきたお客に、商品（サービス）の存在を気づかせる。
4. 商品（サービス）の存在に気づいたお客に、購入を動機付ける。
5. 商品（サービス）を購入したお客に再来店と新規客の紹介を促す。

また、「きっかけのツール」に「させたい仕事」は、季節や状況に応じてその都度考えてつくります（お店の看板はその限りではありません）。

それはね――

「きっかけのツール」を使う「目的」と「狙い」によって、使う言葉や素材なども異なってくるからです。

「きっかけのツール」を使うことで地域にいる生活者にお店の存在に気づいてもらい、どんなお役に立てるお店なのかを知らせる。お店にきたお客に、商品（サービス）の存在に気づいてもらい購入を動機付ける。さらに、商品（サービス）を購入したお客に再来店と新規客の紹介を促すわけです。

きっかけは「既存客」だった

次に、「既存客」について説明します。

「このお店を選んだのは、信頼している○○さんから薦められたからでした」

これって、ご商売をされているあなたは何度もご経験されていると思います。

あなたがはじめてのお店に一人で入ったときのことを思い出してみてください。

不安だったでしょ？　ビクビクしていたかもしれません。勇気を振り絞って飛び込んだのではないでしょうか？

だって——

1．騙されたくない。
2．失敗したくない。

お客はこう思っているからです。あたり前です。

お店の店長や会社を経営する社長も同じです。自分がお客をしているときはそう思っているはずです。だって、騙されたくないのですから。失敗したくないのですから。自分がお客をしているときはここがしっかり見えています。

ところが、自分がお店の店長として店先に建った瞬間に変わるのです。会社を経営する社長の立場になってお客の前に出た瞬間すっ飛ぶのです。そう、「お客の立場」「お客目線」を忘れてしまうのです。

だからお店の入り口で仁王立ちしてしまうのです。そうして「いらっしゃいませ！」を連呼してしまうのです。そういう「視点の切り替え」ができないのなら、無理に自分を変える必要はありません。あなたはあなたの得意なことでお客を満足させましょう！

一から十まで自分でできなくてもいいのです。自分が不得意なところは、得意な人にやってもらえばいいのです。

じゃあ、だれに頼むのか？

新規のお客の**「騙されたくない」「失敗したくない」という不安な気持ちがわかる人**はだれなのか？

それはね――

あなたのお店を利用している既存のお客です。

生まれてはじめて歯医者に行く人の気持ちがわかるのは、歯医者で治療を受けたことのある人です。同じように、あなたのお店を利用することで「騙されたくない」「失敗したくない」という不安な気持ちがわかる人は、あなたのお店を利用している既存のお客です。

一方で、あなたのお店を利用することで得られるメリット（効果）を伝えられるのも既存のお客なのです。

お金をかけずに新規のお客を集めたい。営業臭さを見せずにつながりたい。価値のわかる人に買ってもらいたい。だれもがそう望みます。

であるのなら、はじめてあなたのお店を利用する人の不安な気持ちを取り除き、あなたのお店を利用することで得られるメリット（効果）を伝えられる既存のお客を通じて、新規のお客を紹介してもらうことです。

「そんなこと、大切なお客さまにお願いできません」という人もいます。が、それは違います。そう思うのは、あなたの中に「お客を紹介してもらうことで儲ける」という考えがあるからです。**お客を紹介してもらうのは、既存のお客のお友達を不幸にしないためです。本当のことを知らない人を、言葉巧みに騙す業者から守るためです。**

あなたは救世主です。だから、堂々と紹介してもらっていいのです。

きっかけは「団体」だった

わたしは地元の商工会に加盟しています。地域では、幼稚園、小学校、中学校の本部役員をしました。自治会のソフトボールチームに入っています。

団体や地域の人と関わる組織に参加していることで、仕事につながることもありました。

ところが、わたしと同じように、団体や地域の人と関わる組織に参加していても仕事につながっていないお店や会社もあります。その違いは何かというと、団体や地域の人と関わる組織に参加していても仕事につながっていないお店や会社は、仕事につなげるという意識を持っていないのです。これは、実際に訊いてみてわかったことです。

たとえば、こういうことです。

「学校の本部役員仲間から仕事を取るなんていやらしい」というのです。これには正直びっくりしました。そういう考えだから、そもそも仕事につながるわけがありません。

実はわたし、学校の本部役員をしているとき、「飲食店をしている本部役員はいいなぁ〜」と思っていました。

それは、役員会議の後「どこかで一杯」というときに必ず、本部役員をしている仲間の飲食店に行くわけです。

でもこれは、自然な流れだと思うのです。

腹が減ったから食べる。だったら知らないお店よりも知っている人がやっているお店に行くという、ごくあたり前の行動ですよね。

だったら、自動車のことで困っている人が、本部役員をしているわたしに、自動車の修理を依頼することも自然な流れなのではないでしょうか？

重要なことは、**知り合いから儲けてはいけないということではなく、知り合いが騙されないよう、失敗しないよう守ってやることが大事**なのです。

きっかけは「ネット」だった

人口1万3000人。栃木県の小さな町にある自動車鈑金塗装工場に、北は北海道。南は広島県からわざわざ来店する車が好きな人もいました。

遠方から弊社に来店する車が好きな人の多くは、車の塗装を塗り替える（レンタルガレージを利用する）ことが目的です。

車が好きな人との出会いは、インターネットのホームページです。弊社のホームページには、車が好きな人が必要とする情報を掲載してあります。

「田舎はインターネットで商売につながらない」という人もいましたが、遠方から弊社に来店する車が好きな人の多くは、わたしの会社がインターネットのホームページに掲載している情報を見つけました。そしてアクセスしてきました。希望が合えば予約を入れてきました。つまり、24時間365日営業してくれるインターネットのホームページが、わが社と車が好きな人が出合うきっかけのひとつになっていたわけです。

その後は、弊社のホームページを見つけたカー雑誌の取材を受け、取材記事が掲載されたカー雑誌を見た車が好きな人と出会うことになるわけです。でも実はこの出会いも、元々のきっかけはホームページなのです。

現在インターネットも、これまでのホームページだけではなく、ブログやツイッター、フェイスブックやミクシィ、グーグル＋などがあります。また、動画が見られるユーチューブなどを利用することで、写真では伝えることのできなかった、動きのある作業工程を見てもらえます。さらに、その昔は掲示板やメールでやり取りしていた質問も、いまでは（音声電話の）スカイプがあります。ユーストリームを利用することで、作業工程をライブで伝えることもできます。

ご紹介したホームページ、ブログ、ツイッター、フェイスブック、ミクシィ、グーグル＋、ユーチューブ、スカイプ、ユーストリームは、ほぼ通信回線料金だけで利用できます。「田舎はインターネットで商売につながらない」と決めつけるのではなく、ムダと思わず試しにやってみることが大事です。

きっかけは「テレビ」だった

「田舎だし、幹線道路からはずれているお店だから、目立たなくてお客さんが来ないんです。」

といっていたお店から、うれしい報告がありました。

「テレビで紹介された後、夢にまで見た来客の嵐です！」

来店客が少なく、売上が減少している多くのお店は、「田舎だから」、「目立たないから」といいます。だったら、「都会に出て、幹線道路沿いで商売しましょう！」というと、「うまくいくかどうかわからないから」というわけです。

それは違います。

田舎だからうまくいかないのではなく「伝え方」がヘタなだけなのです。

「きっかけはネットだった」のところでも書きましたが、**わたしの会社が全国規模で大きく成長できたのは、インターネットを活用したから**です。インターネットを活用するまでは、カーディーラーの下請けに甘んじていた工場だったのです。

わたしはこれまで、テレビや新聞などのマスメディアから250回以上取材されています。

そうすると、「テレビに取材される方法を教えてください」というお店や会社もいます。が、取材してもらうのではなく、**「取材させてください！」といわれる取材されるネタ（地域貢献活動）をつくり出すことが大事**なのです。

「取材させてください！」といわれる取材されるネタ（貢献活動）をつくり出すために次の

ようなことをします。

1．どんなことで困っている人がいるのかを調べます。
2．社会的な背景を調べます。
3．困っていることの解決方法を考えます。
4．困っている人を助ける（貢献）活動をします。
5．テレビや新聞に活動内容を伝えます。

1．どんなことで困っている人がいるのかを調べます。

私たちは、仕事以前に、困っている人のお役に立つことが大切です。だからまずは、どんなことで困っている人がいるのかを調べて知ることが大切です。

2．社会的な背景を調べます。

困っていることが起きる社会的な背景。つまり、事が起こっている裏側には、どんなことがあるのかを、見て訊いて調べます。

3．困っていることの解決方法を考えます。

困っている人を助けるために、どんな方法（やり方）で問題を解決させるのかを考えます。

4．困っている人を助ける（貢献）活動をします。

困っている人の手となり足となって働き、役に立つため実際に行動します。

5．テレビや新聞に活動内容を伝えます。

貢献活動の事実（内容）をテレビや新聞などのマスメディアに情報を提供します。

1．～5．の活動が、「取材させてください！」といわれる取材されるネタ（貢献活動）をつくり出すための方法です。

POINT

きっかけはささいなことだが、そのきっかけをほったらかしていては、お客はこない

3 新規客とつながりを深める4つの方法

つながった後は、もう一歩踏み込む

つながる方法はどのようなものがあるのか

新規客とつながりを深める4つの方法として、次のようなものがあります。

まず、売れる前のつながりはこんな感じです。

1. つながりは「体験教室」でした。
2. つながりは「イベント」でした。
3. つながりは「ネット」でした。
4. 「いい人」で終わさないための仕組みをつくろう！

どんなふうにつながるのか、順番に説明していきます。

■つながりは「体験教室」だった

「体験教室」には、いろいろな体験があります。大きく分けると3つです。

1. 食べものをつくる体験教室
2. 使うものをつくる体験教室
3. 楽しむことをつくる体験教室

「体験教室をやっても来店にはつながらない」という人もいますが、それは、目的が、「体験教室」をすることになっているからです。**ここでは、新規客とつながる「体験教室」のやり方**をご案内します。

まずは、次のような手順で体験教室の準備をします。

①やってみたい体験を家族やお店のスタッフに訊く。
②やってみたい体験とお店のコンセプトを合わせる。
③体験に必要な材料や道具をそろえる。
④家族やお店のスタッフと体験を試しにやってみる。
⑤家族やお店のスタッフから体験の感想を訊く。
⑥家族やお店のスタッフが楽しくてまたやってみたい体験に改良する。
⑦家族やお店のスタッフの友達や既存客に試してもらう。
⑧友達や既存客から体験の感想を訊く。
⑨友達や既存客が楽しくてまたやってみたい体験に改良する。
⑩友達や既存客の知り合いに試してもらう。
⑪やってみたい体験とお店のコンセプトを合わせる。

②～⑥の「体験」の文字に、あなたの家族やお店のスタッフがやってみたい体験教室をあてはめてみてください。

たとえば米粉ケーキづくりならこんな感じです。

①やってみたい体験を家族やお店のスタッフに訊く。
②やってみたい米粉ケーキづくり体験とお店のコンセプトを合わせる。
③米粉ケーキづくり体験に必要な材料や道具をそろえる。
④家族やお店のスタッフと米粉ケーキづくり体験を試しにやってみる。
⑤家族やお店のスタッフから米粉ケーキづくり体験の感想を訊く。
⑥家族やお店のスタッフが楽しくてまたやってみたい米粉ケーキづくり体験に改良する。
⑦家族やお店のスタッフの友達や既存客に米粉ケーキづくりを試してもらう。
⑧友達や既存客から米粉ケーキづくり体験の感想を訊く。
⑨友達や既存客が楽しくてまたやってみたい米粉ケーキづくり体験に改良する。
⑩友達や既存客の知り合いに米粉ケーキづくりを試してもらう。

つながりは「イベント」だった

「イベント」とは、一般的に「行事」や「催し」をいいます。お店や会社でいうイベントとは、販売を促進させる手段の一つとして行う次のようなイベントが多いです。

1. 商品を展示する見本市
2. 商品を販売する展示即売会
3. 賑やかしをつくる商工まつり
4. リサイクルが目的のフリーマーケット
5. 義捐金や募金を集める目的のチャリティ

たとえば「フリーマーケット」を開催する場合、次のような手順で進めるとうまくいきます。

①開催の目的と狙いの決定
②開催日時（開催場所の予約）
③開催場所の下見（交通やトイレ、駐車場や使用料など）
④出店数（スペースや車出店など）
⑤出店規約（プロの出店制限や飲食の販売など）
⑥出店料（会員と非会員など）
⑥注意事項（法律で触れるような物の出品禁止など）

⑦申し込み方法（電話、はがき、ネットなど）
⑧出展者募集（友人・親戚・各種団体・グループの会員など）
⑨告知・宣伝（広報誌・新聞・ラジオ・テレビ）
⑩スタッフ（出店数に応じた人数）
⑪スタッフ会議（打ち合わせは回数多く行う）

「フリーマーケット」を開催する場合、一番重要なことは、**どんな目的で、どういう狙いを持って開催するのか**ということです。体験教室と一緒で、フリーマーケットを開催することが目的では仕事につながりません。もったいないです。

なので、①開催の目的と狙いの決定が重要です。

つながりは「ネット」だった

弊社が全国規模で大きく成長できたのは、インターネットを活用したからです。

お恥ずかしい話、インターネットを活用するまでは、カーディーラーの下請けに甘んじていた工場だったのです。

レンタルガレージという新サービスを開発し、インターネットのホームページで情報を発信したのは平成9年でした。その後、新サービスをフランチャイズ化して全国展開。このとき、加盟店の募集にホームページを活用。沖縄の同業者（カーメイクNAKAZATO）が参加してきたわけです。

「いい人」で終わさないためのしくみをつくろう！

すでに新規客との「つながり」がうまくいっていて、仕事の受注や販売につながっているお店や会社も、お客と出会うための「きっかけ」がつくれると、商売がもっとうまくいきます。

それは、新規客と出会うための「きっかけ」をつくることで、信頼性や関係性を深め、仕事の受注や販売につなげる流れ、つまり、しくみができるからです。

だれかの役に立つことやボランティア活動をしているお店の店長や会社の社長は多いです。が、残念なことに仕事につながっていません。

「お父さんはいい人気取りしているけど、会社の売上にはつながっていないいじゃない！」と奥様からいわれています。

そうした「いい人」で終わらせないためのしくみをつくりましょう！

しくみというと小難しそうですが、目の前にいる人に、自分が思うとおり行動してもらうための流れをつくればいいだけです。

目の前にいる人に、**自分が思うとおり行動してもらうための流れ**を、実例をご紹介しながら解説していきます。

新規客とつながりを深める5つの事例

❶洋品店「不用品あげます、もらいます」――「もったいない」を通じて「モノの価値」を教え、値引きをしない

田舎の町にも大型店が進出してきて、洋品店の来客は少なくなっているといいます。さらに、長引く不景気が響いて、福島県の洋品店では売上が激減してしまったといいます。

福島県で行われた商工会様の講演終了後、わたしはこの洋品店の社長にアドバイスと提案をしました。

すると、この洋品店の社長はすぐに行動。結果がすぐに出たので、「自信」と「やる気」につながったといいます。

福島県の洋品店の社長が、来店するお客の利用を増やすために行った活動はこうです。

①自宅の物置に（1年以上使わずにしまっておいた）不用品をレジの横に並べて、

②不用品の上に「不用品あげます、もらいますコーナー」と書いたＰＯＰ（張り紙）を貼ると、「これって、もらっていいの？」と訊いてくるお客がいるわけです。で、何人かの人が喜んでもらっていく中で、「これをもらえてうれしいけど、うちにも使わないものがあるから持ってくるね！」という人が不用品を持ってきてくれるようになり、「もらいたい人」ばかりでは成り立たない「不用品あげます、もらいますコーナー」が充実してきたといいます。

③こうして「不用品あげます、もらいますコーナー」が自然に広まって、お客がたくさん来店するようになったといいます。

④ところが、壊れたものやひどく汚れたものを持ってくる人もいたり、ひとりで何個も一度に持っていく人もいたそうです。

そういことがあったからこそ、当然のようにできたのが、

⑤利用規約だといいます。

1．「あげます」のご利用は、壊れたものやひどく汚れたものはお受けできません。

2．「もらいます」のご利用は、お一人、一日一個とさせていただきます。

こうして、洋服を買わないときにもお客がお店に来店してくれるようになったわけです。が、売上にはなかなか結びつかなかったそうです。
そこで次に取り組んだのが次の2つです。

1．いま、必要なものはなんですか？
2．いま、欲しいものはなんですか？

お店に来るお客の生活に必要なものや欲しいものを訊いたのです。
ただ、こういう言葉で直接聞けませんので、やったことはこんな活動です。

「全国の美味しいもの共同購買」

どんなふうにやったのかというとこうです。

①洋品店の家族が食べたい北海道や沖縄の美味しいものをインターネットで探して、
②美味しいものが掲載されているホームページを印刷して、

③印刷したものをレジのすぐ横に張ったそうです。同時に、
④「一緒に食べたい人いませんか？」というPOP（店内広告）を貼ったところ、
⑤1日で12人が注文してきたといいます。

いまでは、「不用品あげます、もらいますコーナー」と「全国の美味しいもの共同購買」を利用するお客が多くなり、洋服も、安定して売れるようになったといいます。

お客を取り戻すため必死になって活動した福島の洋品店の社長はこういいました。

「この地域の人は安いものしか買わない。だから大量仕入れの大型スーパーやデパートにお客さんを取られる。そう思ってあきらめていました。でも、違うんですね。それを、いま来てくれているお客さんに教わりました」

福島の洋品店から学べることは、実際にやりながらだめなところをだめじゃないようにする工夫をしたことです。お客に訊きながら手を加えたことです。そうして、来店率の下がっていたお客を呼び戻すことに成功したわけです。

さらに、来店するお客が、自然についで買いできる「全国の美味しいもの共同購買」のしくみをつくっていたったわけですね。

福島の洋品店が、「手間をかけたやり取りの中からお客との絆が生まれました。信頼関係を築くことができたのだと思います」という言葉を、お客が裏付けています。

「あんたから買いたいよね」

こんなことをいってくれるお客も多くなったといいます。

本業である洋服の販売につながってよかったですね。

❷設計事務所「そば打ち体験教室」――『素材を活かしたこだわり』を教えて仕事につなげる

蕎麦が好きで、暇を見つけては蕎麦を食べ歩いている設計事務所です。自身のブログにも、食べ歩いた蕎麦屋のことが書かれています。麺のこね具合、ゆで具合、食感。麺とつゆの味、のどごし、舌触りなどがこと細かに書かれています。

この設計事務所から学べることは、自社のコンセプトと蕎麦へのこだわりを重ね合わせているところです。

蕎麦が大好きな設計事務所のコンセプトはこうです。

「素材を活かしたものづくりにこだわる」

こういうコンセプトを掲げるからこそ、そば粉は、靴の素材にもこだわる兼業農家の靴屋が自家栽培する蕎麦を使用するわけです。

そして、コンセプトを掲げることで、地域にいる生活者はこう思うだろう。

「蕎麦屋ではないのに、食の安全を考え、安心して食べられる蕎麦の素材にこだわって体験教室をしてくれている。美味しさ以前の、安全にこだわる設計事務所だから家造りを任せたい」

この設計事務所の取り組みはこうです。

①日本の蕎麦屋で使用する蕎麦粉の85％は輸入されているものであり、
②安全で質がよく安心して食べられる蕎麦粉という確証がないので、
③蕎麦屋ではないけれど、蕎麦屋を50件以上食べ歩いて研究してきたことを基に、
④素材にこだわる兼業農家の靴屋が自家栽培している蕎麦を使用して、
⑤掲げたコンセプトに共鳴共感する人と出会うための「そば打ち体験教室」を開催して、

⑥出会った人の家周りに関する困っていることや悩みを訊き出し、
⑦設計事務所の仕事につなげる。

この設計事務所から学べることとは、「見込み客を集めるため」の販促活動で頭を悩ませている設計士が多い中で、「地域にいる人」に焦点を合わせたそば打ち体験教室の活動にあります。また、素材を活かしたものづくりにこだわるというコンセプトを掲げたこと。さらに、仕事から離れた活動によって、地域にいる生活者と出会うきっかけになる接点をつくったことです。

こうした活動の「目的」と「狙い」を決めて活動しているところが素晴らしいです。そして、なによりも大切なことは、この活動をやめない理由にもなる「覚悟」を決めているところです。

この設計事務所が「そば打ち体験教室」をやる目的は、**コンセプトに共鳴共感する人と出会うため**です。こういう、仕事以外のことで人との接点をつくることは大切ですね。

商売をしている人は、とかく自分の都合で消費者とつながろうとします。そうすると、どうしても下心丸出しの販促活動を考えてしまいがちです。なので、設計事務所でありながら食べ物体験教室で出会いのきっかけをつくろうと考え、それを目的に設定したことは素晴らしいと思います。また、商売をする人が何かのイベントをする際、イベントのやり方を考えます。が、多くの商売人の方が、お客を集めた後、「何も売れなかった」とから「成約はなかった」というようなことをお聞きます。

なぜ結果につながらないのか？

それは、「集まったお客にして欲しいこと」を決めていないからです。つまり、「集まったお客にして欲しいこと」＝「狙い」を決めずにイベントを開催しているからなのですね。

この設計事務所から学べることは、「そば打ち体験教室」をやると決めたときに、出会った人の家周りに関する困っていることや悩みを訊き出すことです。そうして、「そば打ち体験教室」をやる覚悟でもある**素材を活かしたものづくりにこだわるというコンセプトに共鳴共感させることで、設計事務所の仕事につなげるという「狙い」を決めていた**ところです。

❸床屋「被災地支援チャリティ」――支援を通じて既存客と絆を深め『人となり』でつながる

横浜市で床屋を営む鈴木 誠一さんは危機感を感じていました。

床屋として起業して一年。運転資金も底が見えてきたころ、「このままでは潰れる」そう思ったといいます。

ビジネス書を買い求めて読んだり、技術講習会に参加したり、できることはなんでもやってみたといいます。しかし、なにをやっても新規の獲得にはつながらず、売上は下がるばかりだったといいます。「セミナーとか勉強会に出たことないし、東京で騙されたりしないだろうか？」という不安を持ちながらも、「首を取られるわけでもないし、自分が動かなければなにも変わらない」と思い、セミナーに参加した。そのときの気持ちを話してくれました。

「商人の役目は、地域にいる生活者の楽しい生活を支援すること」

わたしが東京銀座で行ったセミナーで話したこの言葉に、鈴木さんは、「これだっ！」と感じたそうです。

そうして、次のようなことを考えたといいます。

1. 床屋の仕事でできること
2. 既存のお客と交流を深めること
3. 新規のお客と出会える機会をつくること

その中でも、既存のお客と交流を深めながら新規のお客と出会う機会をつくるため、「被災地支援チャリティ」というイベントを考え、「試しにやってみた」そうです。

この「被災地支援チャリティ」というイベントを開催するにあたり、近所のお店の人にも協力してもらったそうです。それは、「自分だけでやって〝いい人ぶっている〟と思われたくなかったことと、近所のお店と連携したイベントにしたかった」といいます。

それは、「いまは商店街に元気がなくなってやっていませんが、昔は、この駅前通りで七夕祭りとかもあったんです。この町がにぎやかになるお祭りを復活させたいって考えているし、今回のイベントが、そのきっかけになればいいかなって、そんなふうに思ってイベントを考えてみました」

どうして鈴木さんがこの町がにぎやかになるお祭りを復活させたいって考えたのかはこうです。「僕は子どものころ、駅前通り商店街の人たちに楽しませてもらいました。だから、大人になったらこの町に住む子どもたちを楽しませるお店をやろう！　って、思っていたんです」

「髪の毛に興味があって自分で髪を切っていたのですが、なかなか上手に切れないのです。だから、自分で自分の髪の毛が切れない多くの人の役に立つため床屋になろうと考えました」

鈴木さんの背中を押し、鈴木さんを行動させたものは、自分のため、という自分の都合ではないのです。

「被災地支援チャリティ」というイベントをしようと思った裏側には、地域にいる人の役に立つという、明確な目的があったからなのですね。

鈴木さんはこう続けました。

「大震災が起きたとき、自分になにができるんだろうと考えました。で、久しぶりに、ぼくが起業するときのコンセプトをみてみたんです。そしたら、忘れていましたが、〝子育て中の人を支援する〟って書いてあったのです」

だから、「被災地支援チャリティ」というイベントを主催することにもつながったわけですね。

❹「試しの場」を通じて地域にいる生活者と出会い、つながり、価値を教え仕事につなげる

千葉県の北部中央。印旛郡の中にある。川を渡れば茨城県というところに、人口2万3千人の栄町はあります。人口の減少とともに、商店街のにぎわいもだんだんとさびしくなってきています。

が、「人口の減少している地域でも、やり方を変えれば突破口はあるはず！」そうおっしゃ

るのは、千葉県栄町商工会（高橋康夫会長）で会員の経営相談に乗りながら指導されている松本尚史指導員です。

松本さんは、「商店街や会員さんだけではなく、町全体の活気を取り戻したいですね。」とおっしゃるとおり、次のような活動に力を入れています。

1．外来魚ハクレンを食材にして地域経済活性化
2．栄町特産物でつくるスイーツコンテスト
3．地域活性化イベント「安食の楽市で45円（始終ご縁）」
4．超実践的勉強会「三文塾」

地域にいる生活者と会員事業所さんの「つながり」を深める2つの活動をご紹介します。

・地域活性化イベント「安食の楽市で45円（始終ご縁）」（あじきのらくいちでしじゅうごえん）
http://ameblo.jp/fun-running/

「安食の楽市で45円（以降、「楽市」）」という活動は、「栄町及び周辺に住んでいる新たな生活者と（出会いつながり）交流して、地域経済の活性化を図るためのイベント」です。

名前の由来は、この地域の活力の要素を入れてイベントの標語にしようと「安心、安全、安らぎの食卓、楽しい市場は出会いの場、生まれるものは、新たなご縁（始終ご縁）」となり、縮めたものが「楽市」です。「人生は一期一会、新たな出会いとつながり」に期待をこめたイベントです。

このイベント、元々地元経済の活性化を図ることが目的です。なので、出店者は栄町商工会員の方、栄町建設協同組合、商工会女性部、商工会青年部、商工会飲食業部会、経営勉強会三文塾の受講者です。出品されるものは、丸太切り競争、竹のぼり競争、自転車バランス運転競争など。あるいは、住宅機器メーカーの展示やリフォームなどの相談会など。

また、ハクレンを加工・調理した「ドラゴン・バーガー」や栄町の畑で採れた野菜たっぷり特製弁当。玉こんにゃくなど栄町の特産品などが出品されます。

経営勉強会「三文塾」の受講者は、犬のグッズやおやつ、衣装。美容室が行う、痛んだ髪のチェックや大工さんのつくった木製おもちゃなどを出品します。

と、ここまでは普通の商工まつりとあまり変わらないと思われたかもしれませんね。

「楽市」がこれまでの商工まつりと違うのは、集客の部分と出店者が提供する商品やサービスの根付けにあります。

一般的な商工まつりなどでは、「客寄せパンダ」といわれるもので集客をします。「楽市」は、「客寄せパンダ」を使いませんでした。商工会の会員に参加してもらいました。販促費の大半を占める「客寄せパンダ」に支払うお金を、会員がイベント当日使える商品券にして配布しました。

商品券を配布することで、集客でお金をかけず、イベント当日、確実に買い物をしてくれる人（いつもはイベントに参加しない会員）を集めることができました。

・超実践的勉強会「三文塾」

自分の考えた新たな取り組みが、お客に受け入れられるかどうかわかりません。リスクを考えると事業化するのが怖いです。

超実践的経営勉強会「三文塾」に参加する受講者は、自分の対象客にもなりうる人です。そういう異業種の受講者からお客の声を訊くことができます。ときにはかなりきつい「ダメ出し」をもらうこともあります。気にする受講者もいます。

でも、「お客目線の意見」を本気でいってもらえるからこそ、小さかったアイデアが大きく膨らみます。モノになりそうもないように思えたアイデアでも、「売れるしくみ（自分が思うとおりお客に行動してもらう流れ)」にすることができるのです。

受講者の手を借りてつくった「売れるしくみ」を、秋に開催される「楽市」のイベントで、実際のお客を相手に試します。

「超実践的」という意味は、机上の勉強だけでなく、目の前に来るお客に新たな商品・サービスを試すことができる、「実践イベント付き経営勉強会」ということなのです。

「実践イベント付き経営勉強会」でつくった「売れる商品やサービス」「売れるしくみ」を、「楽市」のイベントで、展示販売、提供する目的は、売ることではないのです。イベントで、展示販売、提供する目的はこうです。

1．イベントを通じて新たなお客と出会うこと。
2．出会ったお客の困っていることや悩みを訊くこと。
3．そうして出会ったお客とつながること。
4．商品やサービスの価値を知ってもらうこと。

超実践的勉強会「三文塾」で学び、「楽市」という「試しの場」を通じて地域にいる生活者と出会い、つながり、商品やサービスの価値を知ってもらい仕事につなげる。これが、栄町商工会の取り組みです。

❺士業のホームページ作成を支援する「お手軽スタートパック」――ホームページ作成の支援を通じて士業を救済し、本業の仕事につなげる

広告代理店でのWEB企画営業、社会保険労務士としての勤務経験を活かし、現在はホームページ作成やブログのカスタマイズで士業の先生を支援している榎本元さん（税理士・社労士のホームページ制作なら集客ドットビズ　http://homepage.brand-marketing.jp/）

「ホームページ作成で200万円取る業者に愕然」としたといいます。これまでホームページを作成する場合、自分でつくるか業者に依頼するかの二者択一でした。わたしが、「お客以上業者未満」という隙間があることをアドバイスすることで、榎本さんは次のようなメニューを作成しました。

1．ワードプレスを使ってホームページ作成を支援する
2．自分でホームページを作成する人にテキストを販売する。
3．テキストでわからないところだけを指導する。
4．体裁や見栄えをよくする高度な技術を指導する。
5．プロでなければできない部分を単品でも引き受けて作業する。

このメニューは、例えば行政書士が会社設立する際のメニューと同じです。つまり、あらゆる業種業態で使える手法です。

これまでホームページを作成する場合、二者択一です。本を見ながら自分でホームページをつくるか、ホームページ作成業者に依頼するという選択枠しかなかったのです。

これでは機会損失が多すぎます。お客になるであろう生活者と出会うきっかけがありません。つながることができません。もったいないことです。

榎本さんは、お客になるであろう生活者と出会うきっかけとして、メニューに「1．ワードプレスを使ってホームページ作成を支援する」を加えました。

また、「3．テキストでわからないところだけを指導」、「5．プロでなければできない部分を単品でも引き受けて作業する」をメニューに加えることで、ホームページを自分でつくりたい人に2つのメリットを提供しました。

2つのメリットというのはこうです。

1．途中で挫折することなくホームページが完成する。
2．自分でできない作業を単品でも頼める。

「3．テキストでわからないところだけを指導」というメニューがあることで、「自分でできるかどうかわからない」と思っていた人の背中を押してくれます。

また、「5．プロでなければできない部分を単品で引き受けて作業」するというメニューは、「ホームページ作成費用を安くすませながらかっこいいホームページにしたい」という人にうれしいサービスです。ホームページを自分でつくることで、費用は安くすませることができたという人でも、できあがってみると見栄えをよくしたいと思うものです。そういう人が、「5．プロでなければできない部分を単品でも引き受けて作業する」というメニューを選んで仕事を依頼してきます。榎本さんが提供するサービスは、「お客がサービスを受けたいとき、受けたい分だけ選んで買えるサービスメニュー」になっているというところが素晴らしいわけです。

こういうサービスメニューをつくることで、これまで出会うことのなかった人と出会える機会が生まれます。

また、いま必要なサービスだけ選べるように分類されたサービスメニューにすることで、単発的な売りっきりで終わることがなく、お客を、次のステップにつなげることができます。

さらに、一連のサービスを提供しながらお付き合いすることで、サービスの価値を伝えやすくなります。結果、本業の仕事を受注することにつながります。

第4章

売上を2倍にする7つの販促手法

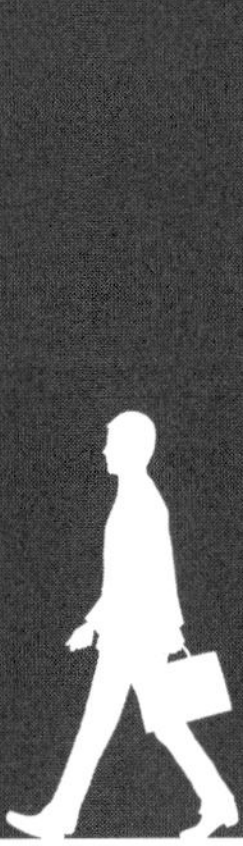

1

伝われば、売れる！

できることを教えるだけでいい

できることを書き出す

売上を短期間で2倍にすることは簡単です。あなたが**「仕事でできること」を既存客に教えるだけ**でいいのですから。

でも、

1．あなたは、**「仕事でできること」を既存客に教えていますか？**

2．あなたが教えた**「仕事でできること」は、既存客に伝わっていますか？**

この2つができていないともったいないです。どんなに高度な技術や技能を持っていても仕事は取れません。安全で安心して食べられる。かつ美味しい料理を作れていても売れません。

だって、**「伝わっていない」のですから！**

「仕事でできること」は、1.「どういうところ」まで、2.「どんなやり方」で既存客に教えるのか？

たとえば第6章の事例にも登場していただく床屋の鈴木誠一さんの場合はこうでした。

わたしが、「床屋さんが、仕事でできることってなんですか？」と訊きました。

すると鈴木さんはこう答えました。

・カットができます。
・パーマができます。
・ヒゲ剃りができます。
・シャンプーができます。

これってあたり前です。だって床屋なのですから……。

そこで、鈴木さんに訊き直しました。

「お客さんから悦ばれ（感動して喜ばれ）たことを思い出してもらえますか？」

「あぁ、そういえば……『子どもが泣かずにカットできたのははじめてです。スゴイです！』

と悦ばれることがあります」これ、すごく重要です！
鈴木さんは、実は**お子様を泣かさずにカットできる床屋**なのです！
ですが、これまで子どもを連れてくるお客は少なかったようです。なぜでしょう？
それはね――

お店の名前が「メンズヘアーサロンエア」だったのです。つまり、「成人男性だけ来てください」と案内していたようなものです。逆に、「お子様は連れて来ないでください」と教えていたわけです。そこで、鈴木さんはこんなことをしてみました。

1．「メンズヘアーサロン エア」を「ヘアーサロン エア」に変更しました。
2．子どもを泣かさずにカットできることを既存客に伝えました。
すると――

1カ月間の新規客の来店が25倍（最大37倍）になったのです。
ここで重要なポイントは、

1. **お子様を泣かさずにカットできる**という同業他社と**差別化できる強みに気づく**こと。
2. 既存のお客に伝える際、紙に書いて張り出すとか、お金をかけたチラシ広告を出すのではなく、まずは**試しに「自分の口で既存客に伝える」**ということ。

この取り組みは、床屋という仕事だからでもなく、この人だからでもなく、この地域だからということでもありません。**「否定することなく、素直にやった」**から成果につながったのです。こういう、**だれでもいますぐできて、**しかも、**お金をかけずに新規客を増やすやり方**があるのです。あなたも**仕事でできることを書き出し、同業他社と差別化できる強みに気づきましょう！**

できることを伝える

仕事でできることを書き出し、同業他社と差別化できる強みに気づいたら、せっかくだから伝えたいですね。

「伝え方」については、たくさんの人がこういっています。

「わかりやすく伝えましょう！」

「伝わるように伝えましょう！」

でも、具体的に「なに」を「どうすればいい」のかが書かれていないのです。

なので、ここでは、伝えたいことを伝えるための実際のやり方について書きますね。

まずは、**仕事でできること**を含めた**お手伝いできること**とはなにか？

1．仕事でお手伝いできること
2．仕事以外でお手伝いできること
3．自分以外の人と連携してお手伝いできること

「1．仕事でお手伝いできること」については、先ほど床屋の事例でお話しました。
2．仕事以外でお手伝いできることというのはこうです。
仕事の業種に関係なく、あなたの趣味や得意なことです。しかも、**「その道のプロではないけれど、できない人よりはできる程度」**のこと。

また、これまで**「たくさんのお金や時間をかけてやってきた」**ことで考えるといくつか出てくるのではないでしょうか？

どうでしょう？

思い当たることがありませんか？

わたしの元々の本業は自動車鈑金塗装です。が、ブログを書くことができます。だから、「ブログをはじめてみたい！」という人のお役に立てます。

また、休みの日にはそばを打って家族に喜ばれています。だから、「そば打ちを習ってみたい！」という人のお役に立てます。

ブログの書き方もそば打ちのやり方も資格を持たない素人のわたしです。が、こんなふうに提案して町の広報やテレビや新聞に取り上げられ放映・掲載されています。

ココだけ教えて！　に答える「初心者向けブログ登録のやり方」
そば打ち道具を買う前の「初心者向けそばの打ち方教室」

テレビや新聞は、役に立つ情報でなければ取り上げません。つまり、わたしがやってきたことは、**「自動車屋以前」に、人として地域にいる生活者のお役に立つこと**なのです。だから、広報やテレビや新聞に取り上げられたのです。

あなたも、**「その道のプロではないけれど、できない人よりはできる程度」**のこと。また、これまで**「たくさんのお金や時間をかけてやってきた」**ことで、地域にいる生活者のお役に立てることを探し出して**お手伝いできることリスト**に載せましょう！

自分以外の人と連携してお手伝いできること

目の前にいる人が困っているけれど、自分が、**1．仕事でお手伝いできることや2．仕事以外でお手伝いできること**では、悩みの解消や問題の解決、願いを叶えてあげられないこともあります。でも、信用し信頼している異業種の人と連携することで、目の前にいる人の悩みの解消や問題の解決、願いを叶えてあげられます。

それが**「3．自分以外の人と連携してお手伝いできること」**です。

美容室は、キレイになりたい人（特に女性）のお役に立っています。が、どんなに技術力の高い美容師ががんばっても、**キレイにできるのは外面だけ**です。

たとえば**「栄養剤や化粧品に頼らず10歳若く見られるあなたを応援！」**をコンセプトにする美容室が、体の内面からもキレイを作るため、「健康的でキレイにやせる米粉を使用したケーキ作り教室」を開催します。

しかも、ケーキ作り教室の先生は料理研究家です。さらに、材料の米粉は、スーパーで買えるような米粉ではありません。

〝蛍が飛び交う田んぼで栽培されたお米を製粉した米粉〟です。

このようなケーキ作り教室を開催することで、「わたしの健康とキレイを応援するためにこんなにまでこだわってくれてありがとう！」という女性が参加してきます。

「栄養剤や化粧品に頼らず10歳若く見られるあなたを応援！」する美容室は、このようなケーキ作り教室を開催することでコンセプトに偽りがなくなります。価値が高まります。

それを支えてくれるのが協力者です。連携する料理研究家であり栽培農家です。

あなたの価値を高め、お客の求める「なぜわたしのためにそこまでこだわるの？」に応え、協力してくれる人（法人）と連携しましょう！

お手伝いできることを書き出すポイント

お手伝いできることを書き出す上で重要なポイントは、**専門用語を使わず「中学生でもわかる言葉」で書く**といいです。

中学生でもわかる言葉にする理由は3つあります。

1. 中学生がわかるなら大人には伝わります。
2. 中学生もお客になる可能性があります。
3. 中学生が紹介や口コミしてくれる可能性があります。

お手伝いできることの使い方

お手伝いできることが書き出せたら、実際に使ってみましょう！

いちばん簡単な「お手伝いできることの使い方」は、名刺の裏側に書いてみる、という方法です。この場合、新しく名刺を作り直すということではなく、いま使っている名刺の裏側に、きょうお会いする人を想像しながら、お会いする人が悦んでくれそうな**お手伝いできること**を書きます。

こんなふうにすることで、**お金をかけずに「はじめの一歩」を気軽に試してみることができます。**

また、**あなたの地域であなただから使える「お手伝い」**を、毎回、違う相手に好きなだけ試すことができます。さらに、自分の中に隠れていた発見や新たな気づきが得られます。しかも、同業者と差別化できるというおまけ付きです！

つまり、いつも使っている名刺を、**同業者と差別化できる強みを伝えお客とつながるツールに今すぐ変えることができる**わけです。

やることとは、「1．仕事でお手伝いできること」「2．仕事以外でお手伝いできること」「3．自分以外の人と連携してお手伝いできること」を書き出して、中学生でもわかる言葉に変えて、きょうお会いする人を想像しながら、お会いする人が悦んでくれそうなお手伝いできることを名刺の裏側に書くだけです。これならいますぐできるでしょう？

名刺を新しくする必要はありません。1枚ずつ手書きすることが大事なのですから。

POINT

ムダと思わず試しにやってみる！

2 試しにやってみるだけでいい

簡単なことでも実行すれば、売れる！

置く場所を変えてみる

これまでの定番商品。置く場所を変えただけで売れることもあります。

「新しい商品が入ったんですね」、といわれることもあるくらい、定番商品の置く場所を変えただけで売れることがあります。

いまこの本を読むのをやめて、陳列棚に置いてある「あなたがオススメする商品」を１つレジの横に置いてみてください。

こんなことをするだけで、第６章の事例でご紹介するお店はこうなりました。

「半年分の販売数をたった2日で達成しました！」

こんなふうに売れるのでしたら、**意図的にやってみましょう！**

そして、次は――

昨日とは違う商品を置いてみるのです。

だって完売したのですから。それに、同じ商品だと「また？」って思われちゃいます。だから、昨日とは違う商品を置いてみるのです。

さらに、たまたまとか偶然というのはダメです。昨日とは違う商品を置くだけでは、工夫がありません。だから、こんなふうにします。

1．こうなるかもしれない。

2．そうなって欲しい。

はじめはそういうレベルでいいです。

根拠のない妄想みたいなことでもいいのです。大事なことは、**どうしてそこに置くのか？どうしてきょうなのか？　と考え「仮設」を立て**て昨日とは違う商品を置いてみるのです。

売れるかどうか。これは、やってみなければわかりません。が、やってみると、置き方が悪かった。とか、置くタイミング（時間）がズレていた。とか、この商品と一緒に置いておけば売れたかも？　なんてことがわかるようになるのです。

重要なことは、考えた事（仮説）を試しにやった（実行）結果をみて（検証）やり方を変えまた試すということです。

そうして少しづつでも売れる確率を高めていくのです。細かい数字や理論ではなく、まずは**体で感じることが大切**です。

自分で考えたとおりにやってみて売れると——自信になります！　やる気が出ます。

■ POPを工夫してみる

定番商品の置く場所を変えただけで売れることもあります。が、もっと売れる確立を高めるために、「ＰＯＰ（販売店などの内外に展開される広告やディスプレー類の総称。point of purchase広告の略。辞書より引用。）」という、言葉や絵を書いて伝える方法があります。

この方法の特徴は、商品そのものに気づかない人に、言葉や絵で、商品の特徴や価値を伝えるというものです。

第6章の事例でご紹介するお店からも、**POPに「昔懐かしい味です」と書いただけで、「いつもよりたくさん売れた」といううれしい報告**が届いています。

このPOP、「文字の大小」、「文字の形」、「文字の色」を変えるだけでも反応が違います。また、POPを書く「素材の形」、「素材の材質」、「素材の大きさ」に工夫することで、買い物客の気づきが変わります。

■A型看板を置いてみる・看板の色、形、大きさ、素材にも工夫する

道路に面した実店舗の場合、ぜひ使ってもらいたいのがA型看板です。特徴や使い方はPOPとほぼ同じです。ただ、少しだけ違うのはこうです。

POPは、お店に来た人に気づいてもらう。もっとたくさん買ってもらうために使う道具です。

これに対してA型看板は、お店の外にいる人に、お店の存在に気づいて来店してもらうために使う道具です。ですから、POPよりも大きく、目立つことが大事です。

第6章の事例でご紹介するお店は、ガソリンスタンドも併設しています。だから、中古タイ

ヤを使うなどして工夫したA型看板で目立たせています。
お客からは、「お酒も売っているなんて知らなかった！」とか、「ついつい寄りたくなるよね！」といわれるそうです。もちろん、既存客の来店回数と客単価アップ、さらには新規客の来店につながって、売上がアップしていることはいうまでもありません。
そして、ここが重要です！

POP・A型看板は定期的に書き換える！

人は、飽きて、呆れるのです。
POPやA型看板では、**常に新鮮なネタ（商品や話題）をご案内**しましょう！

POINT
自分で考えたとおりにやってみて、それで売れると自信になる

3 何が売れるか、お客が知っている
お客の声を訊くだけでいい

既存客に訊いてみる

セミナーを終え、懇親会会場によさそうなお店を探していると、ちょうど手ごろなお店がありました。お店に入ると、壁のすき間がないくらいのメニュー……。

「このお店のオススメは?」と訊くと

「どれも美味しいですよ! 全部オススメです!」という店員。

結局、なにを注文したらいいのかわからず、仕方なく定番メニューを注文。結果、どれも並以下の料理というお店。

飛び込みなので期待はしていない。けれど、がっかりするお店です。

こういうお店って、日本全国いたるところにありますよね?

ときどき注文が入るので、あまり人気がないメニューでもやめられない。

既存客に、料理に対する感想や意見を訊いていないから、次ぎから次へと新メニューを作り、結局、メニューが増えていく。

結果、お客は、なにを注文したらいいのかがわからなくなり、お決まりのメニューを注文。

こういうお店を再利用することはしない……たぶん。

再利用するお客が限りなく少ないため、安売りに走り、チラシ広告にお金をかけて新規客を呼び込む。で、大手との価格競争に巻き込まれ、いわゆる悪循環から店をたたむのは時間の問題。


わたしが指導している割烹料理屋のゲンさんは料理を作るのが好きです。きょうも腕によりをかけて料理を作っています。

すると、準備中ののれんをくぐって、常連のシゲさんが入ってきました。


「よっ！」

「おぉっ、ちょうどいいとこに来たっ！　シゲさん！　これ、ちっと摘まんでくれねぇか？」

「あっ、どれどれ。う～ん。ゲンさん、もうちっと辛味が強いほうがいいかも？」

「やっぱりそうか……じぁあ、これでどうだ？」

「おぉ、いいね！　コレはいけるよっ！」

「そっか？ いけるか？」

なんてやり取りがあるわけです。

ゲンさんのお店は人気です。


あなたがわたしに誘われたら、どちらのお店を希望しますか？

あなたがひねくれ者でないない限り、ゲンさんのお店を希望しますよね、きっと。

前者のようなお店のようにならないためにも、

1．ゲンさんのお店のように**既存客に訊きましょう！**
2．**既存客の声を料理に反映しましょう！**

そうすることで、あたり前ですがシゲさんは再来店します。で、再来店するときには、「オレがゲンさんと作った料理を食わせてやるよ！」と知り合いを連れて来店してくれます。

生活者に訊いてみる

わたしは、小さいお店（会社）に**経営理念なんていらない**と考えています。

もちろん、経営理念は、ないよりはあったほうがいいのです。が、経営理念以前に、**地域にいる生活者が思っていることや望んでいることに応えられるお店（会社）を目指しましょう**！


「こんな商品（サービス）があったらいいなぁ〜」

「こういうお店（会社）になったらいいなぁ〜」


わたしも一生活者として利用するお店（会社）に願っていることがあります。

あなたも一生活者として利用するお店（会社）に願うことあるでしょ？

なのに、そういうわたしたち生活者の声を訊こうという姿勢がまったく感じられません。これって実にもったいないことです。

これって、あなたのお店（会社）も同じではないですか？

「ウチは定期的にアンケートを取ってお客様の声を訊いています」

それは立派です。が、**お客は、アンケートに本音を書きません。**キッパリと言い切ります！

だって、そうでしょ？

あなたも、一生活者として利用しているお店（会社）のアンケートに本音を書いていますか？

まともに答えていないですよね、たぶん。

自分がやらないことは他人もやらないと考えたほうがいいです。

地域にいる生活者は、どんな商品（サービス）を求め、どんなお店（会社）になることを願っているのかを訊いてみることです。

地域にいる生活者の本音の声を訊くことは簡単です。

それはね――

地域にいる生活者が、**「本音を思わず〝ポロっ〟としゃべっちゃうような状況」を、意図的に作ればいい**のです。

わたしは、商工会の会員と地域を活性化させるお店を立ち上げ、店長を務めていたことがあります。このお店に来店するお客にいろいろな体験教室をやっていました。

それは、地域にいる生活者の本音の声を訊くためでした。

体験教室を利用する人はこういいます。

「仕事を離れ、気の会う仲間とお酒を飲んでいるときって本音でしゃべるよね」と男性。

女性は、「家庭を離れ愚痴のいえるお友達となにか食べているときにいろいろおしゃべりしちゃいます」と答えています。

つまり、男女ともに、仕事や家庭を離れ、こころを許せるだれかと飲食しているときが、**「本音を思わず〝ポロっ〟としゃべっちゃうような状況」**であると考えられます。

地域にいる生活者の本音の声を訊くためには、**「仕事や家庭を離れ、こころを許せるだれかと飲食しているとき」**を意図的に作るといいのです。

そういうこころを許せる場で、**「本音を思わず〝ポロっ〟としゃべってもらう」**のです。

わたしは本音を訊き出す状況をつくるために、そば打ち体験やクッキー作り体験などの食べもの作り教室もやりました。

木工品制作体験や網戸張り体験などの使うものづくり教室も開催していました。

体験教室後の懇親会は（こちらの狙い通り）本音トークが炸裂します。本音トークが出ないときには、自分の失敗談で切り込みます。すると、失敗談から自慢トークになります。で、本音で語ってくれます。体験教室の運営方法については160ページで紹介します。

POINT

地域の生活者が望んでいることに応えられるお店を目指す

4 価値がわかれば、等価のお金を支払う
「うまい」をつくるだけでいい

失敗〝させない〟商品・サービス

割烹料理屋のゲンさんの料理はうまいです。人気です。でも、それだけでは繁盛店にはなれません。

ここでいう「うまい」というのはこういうことです。

いつ利用しても同じ味やサービスが受けられる。

ところが、材料も道具も作り方も一緒。だけど何かが違うと味も変わるっていうことないですか？

1. 食べる場所が違うと味が変わる。

2．食べる場所の内装が違うと味が変わる。
3．食べる場所の照明が違うと味が変わる。
4．食べる場所の音楽が違うと味が変わる。
5．食べるものの出し方が違うと味が変わる。
6．食べるものを出す人が違うと味が変わる。

気に入ったお店を再利用するときというのは、この前に利用したときの好印象が残っているからでしょう。ところが再利用したときに、なにかが少しでも違っていると、**同じ味を違うように感じる**ことがあるのです。

こういった**「この前に利用したときとの差」**が、大きければ大きいほど次回の利用につながらないわけです。

「あそこは**うまい**店だ」といわれるためには、料理そのものの味はもちろんだけれども、食べる場所や内装、照明や音楽、料理の出し方や出す人もかなり重要な要素であるということです。

ただ、ここでいう**うまい**は、超一流ということではありません。屋台のラーメン屋さんには屋台のラーメン屋さんの、「あそこは**うまい店**だ」があります。つまり、似たようなお店はあるのだけれども、**あのお店に行く理由**があるのです。

■選んで買えるメニュー

数年前からこんなことをいう人がいます。

「安かろう悪かろうで売れる時代ではない！」

「いいものをより安く提供しなければお客は買わない！」

本当にそう思いますか？

わたしは、**絶対に違うといえます。**キッパリと！

仮に、**「安かろう悪かろうで売れる時代ではない！」**、**「いいものをより安く提供しなければお客は買わない！」**というのであれば、**訳あり商品が飛ぶように売れているのはなぜでしょうか？**

お客は、その商品（サービス）の定価に対するもっともな理由。つまり、**価値がわかれば、**

等価のお金を支払うのです。

だから、商品（サービス）を提供するお店（会社）は、**高いには高い理由があり、安いには安い理由があることを、わかりやすく教えることが大事**なのです。

うなぎは、昔から「松竹梅」という値段設定があります。さてこの違いは？

お店によっても様々ですが、ほとんどのお店に共通するのはこうです。

1．うなぎの質
2．うなぎの量

つまり、うなぎの松竹梅でみても「安かろう悪かろうで売れる時代ではない！」「いいものをより安く提供しなければお客は買わない！」という説は、通用しないことになります。

うなぎの松竹梅料は、実にわかりやすい料金メニューです。

それは、**「欲しいものを欲しい分だけ選んで買える」**というところです。

そして、この料金メニューのスゴいのは、高いには高い理由があり、安いには安い理由があるということを、(うなぎの質と量を変えた)松竹梅という料金メニューでわかりやすく教えているところです。

うなぎの松竹梅料金メニューのしくみは、**お客が自分でできることを代行するあらゆる業務に応用できます**。

重要なことなので何度も書きます。

商品(サービス)には、**高いものには高い理由があり、安いものには安い理由があることを、わかりやすく教えることが大事**なのです。

そうすることで、**お客を躾・教育することができる**のです。

「お客を躾・教育する」というと、「何様のつもりだ!」といわれそうですが、お客が言葉巧みな業者から騙されないように守ることは、本物の商人の役目です。

また、金額に見合わない商品(サービス)でお客が失敗しないよう、事前に教えることは、その道に携わるプロとして当然のことです。

たくさんの量を食べたい人と少ない量でもおいしいものを食べたいという人の金額設定が同じというのは変です。いつだれが利用しても同じサービスが同じ料金で提供してもらえる。うなぎの量と質によって「松・竹・梅」という料金設定で、**お客が、欲しいときに欲しい分だけ選んで買えるしくみはあって当然**です。

やれば自分でできる。が、時間もない。そういう面倒くさいことは嫌いである。

そういうときに専門業者に作業を依頼する。

つまり、すべての業者は、自分でできない人や自分でやらない人の代わりに作業している、代行しているわけです。ところが、うなぎを注文するときの「お客が、欲しいときに欲しい分だけ選んで買えるしくみ」を用意していない業者がほとんどです。

あなたが提供する商品（サービス）は、うなぎの松竹梅料金メニューのように、**「お客目線」で考えたメニュー**になっていますか？

POINT

高い理由、安い理由を、お客にわかりやすく教えることが大事

5 同じものは必ず飽きる
新メニューをつくるだけでいい

飽きているメニューをやめる

お客は「飽きる」のです。

あなたが一生懸命提供している商品やサービスに飽きちゃうのです。

これって、仕方のないことです。

どんなに美味しく食べていたものでも飽きます。

あんなに楽しかったサービスも飽きてしまいます。

理由はいろいろです。感動しなくなってくるのか、ドキドキ感やわくわくする感情が薄れるのか、とにかく飽きるのです。

わたしたちも同じままの商品やサービスには飽きますよね。

なので、注文の少なくなったメニューはやめたほうがいいです。

ただね――

注文の少なくなったメニューをやめるかどうかは、お店の都合や店長の判断では決めないほうがいいです。

では、どうするのかというと、**「やめるメニューは既存客と決める」**のです。

「一日に出る数も少ないし、とにかく手間がかかって面倒くさいので、ごぼうメンチカツはやめようと思うんです」というのは、自然食を売りにしているお店の女将です。

「手間がかかって面倒くさいのに、どうしてごぼうメンチカツをメニューにしたのですか？」

と訊いてみました。

すると「メンチカツは好きなんだけれど、食べた後の胸焼けが苦しくってねぇ～というお客さんがいたのよ。で、わたし、胸焼けしないメンチカツを作ってあげたわけ。でね、年配の男性には人気があるんだけど、一日に何個も出ないし、とにかく手間と時間がかかるから、他のことができないのよ」

このごぼうメンチカツ。わたしも食べてみました。

カレーライスを食べても胸焼けするわたしが食べても胸焼けしません。スッキリしています。

もちろん、豚肉と油にも相当こだわったものを使っています。

そこで、わたしは次のように提案しました。

1．ごぼうメンチカツの携帯メール会員を募る。
2．お店が手のすくときにごぼうメンチカツを作り会員に知らせる。
3．二日以内に食べにきてもらう。

その提案に対して、「谷田貝さん、こんな田舎だよ。**年配の男の人が会員なんてならないわよ！　その上メール？　絶対やらない**わね」といっていた女将。

ところが――

「ちょっと聞いてよ！　ごぼうメンチカツを注文する人に事情を話したら、みんなメール会員になってくれたのよっ！　やめられちゃ困るって！」と、女将。

ごぼうメンチカツを注文するお客は、そのおいしさをちゃんとわかっていたのです。

お客の気持ちをお店が勝手に決めない。これ、重要です！

この自然食のお店。他の料理もやめるかやめないお客に訊いたそうです。結果、やめる料理もあったそうです。ごぼうメンチカツの携帯メール会員を募るようになって、リピーターと紹介が増えたことはいうまでもありません。

新メニューを既存客と一緒につくる

割烹料理屋のゲンさんは、既存客の生の声を訊いて新メニューを作っています。

わたしが指導している割烹料理屋のゲンさんは料理を作るのが好きです。

きょうも腕によりをかけて料理を作っています。

すると、準備中ののれんをくぐって、常連のシゲさんが入ってきました。

「よっ！」

「おぉっ、ちょうどいいとこに来たっ！　シゲさん！　これ、ちっと摘まんでくれねぇか？」

「あっ、どれどれ。う〜ん。ゲンさん、もうちっと辛味が強いほうがいいかも？」

「やっぱりそうか？　じゃ、これでどうだ？」

「おぉ、いいね！　コレはいけるよっ！」

「そっか？　いけるか？」

なんてやり取りがあるわけです。

ゲンさんのお店は人気です。実に**うまい手法**です。

でもゲンさん。これを意図的にやっているわけではないのです。趣味の延長ではじめた割烹料理店なのです。だから、お店を始める前から**「目の前に来る友達」に訊きながら味や形や大きさなどを変えて新メニューを作ってきていた**のです。

こういうやり方って、どこかで見ていませんか？

そうです――

あなたの**家庭でも毎日のように行われています**。

わたしのように「出されたものは文句を言わずに食え！」と教わってきた人は別ですが、せっかく食べるのなら美味しく食べたいでしょう？

しかも、**自分の母親ならいいやすい**。これ、重要です！

1. **自分の母親ならいいやすい**。
2. あたり前に**作り変える**。
3. 結果、**自分好みの味や食感**にしてもらえる。
4. **また作ってよ！**　と頼みやすい。
5. ウチの母ちゃん料理うまいんだぜ！　と**友達を呼ぶ**。

ゲンさんのように、不景気でも売れるお店をやっている人に共通しているのは、**料理を食べる人やサービスを受ける人に訊いて商品やサービスを作り変えている**のです。

POINT
お客さんの気持ちをお店が勝手に決めない。

6

お客は売り込まれるのが嫌い

集客をやめるだけでいい

既存客と楽しむことを考える

わたし達もそうですが、お客は、「売り込まれるのが嫌い」です。

保険屋は、保険を売ろうとするから嫌われます。石屋も寝具店も同じです。「売り込む」から嫌われています。

でも、売らなければ営みが成り立ちません。

「売るな！」ということではなくて、**「結果的に売れちゃった状態」**にするのです。そういう状態を目指すわけです。

結果的に売れちゃった状態を作るためにも、第3章の接点づくりにも書いた「体験教室やイベント」をオススメします。

「体験教室やイベント」を開催するの際、これといった決まりはありません。

ただ、注意しなければならないことが3つあります。

1. 本業のお仕事のコンセプトからズレないように気をつけるということです。

2. 高額の商品やサービスを提供している場合、本業の仕事から離れた「体験教室やイベント」にしたほうがいいということです。

3. 既存客と楽しくコミュニケーションを図るということです。

順番にご説明します。

まず、1つ目の、「本業のお仕事のコンセプトからズレないように気をつける」というのはどうしてかというと、「体験教室やイベント」をすることで人がたくさん集まればいい。物がたくさん売れればいいということではありません。

大事なことは、「体験教室やイベント」を通じて新たな出会いを作ること。出会った人と触れ合いつながること。つながりを持つ人に共鳴共感してもらうこと。そうして商品やサービスが**「結果的に売れちゃった状態」**にすることです。

2つ目に、高額の商品やサービスを提供している場合、本業の仕事から離れた「体験教室やイベント」にしたほうがいいというのはどういうことかというと、「体験教室やイベント」は、新たな出会いを作ること。出会った人と触れ合いつながること。つながりを持つ人に共鳴共感してもらうために開催します。ところが、高額の商品やサービスを提供していると、どうしても売り込みたくなってしまうのです。お店や会社としては売り込んでいないつもりでも、接客される客に「売り込まれている」と思われては本末転倒です。

3つ目に、既存客と楽しくコミュニケーションを図るというのはどういうことかというと、「体験教室やイベント」は、新規顧客を獲得することを目的に開催してはいけません。あくまでも、お店と既存客、既存客と既存客が楽しくコミュニケーションを図ることを目的のひとつに開催してください。

また、商品やサービスが**「結果的に売れちゃった状態」**にするためにも、新商品や新サービスを開発するためのヒントやアイデアを訊き出すことも目的のひとつにしてください。

つまり、「体験教室やイベント」を開催するのは、**「体験教室やイベント」を開催することが**

目的ではないということです。

「体験教室やイベント」を開催するのは、別に用意した目的を達成させるための手段です。目的はひとつでなくてもいいのです。あなたが把握できるのでしたら、目的はいくつあってもいいのです。

「体験教室やイベント」は、人を集めるための手段であり、お店と既存客、既存客と既存客が楽しくコミュニケーションを図る場所なのです。さらに、仕事のコンセプトとつなげることも大切です。

「集められたから行く」というのではなく、お客が、**自分の意思で行きたくなる場をつくることが大事**です。これ、重要です！

料理や商品に対する本音を訊く

「体験教室やイベント」を開催する目的に、既存の料理や商品（サービス）に対する本音を訊くというのもアリです。

割烹料理屋のゲンさんのように、既存の料理に対する本音を訊いて改善改良するだけで客単価はアップします。

なので、ゲンさんのように試食をさせて、既存客が**「本音を思わず〝ポロっ〟としゃべっちゃうような状況」を意図的に作ればいい**わけです。

既存客が「本音を思わず〝ポロっ〟としゃべっちゃうような状況」をつくるにはこんなふうにします。

1．本音を訊きたい料理やサービスを決める。

2．お店のコンセプトに合った体験を考える（コンセプトについては②お客がお店を選ぶ理由を考えるに書いています）。

3．悦ぶ（感動して喜ぶ）体験を企画する。

自然食のお店は、「ごぼうメンチ」をやめたかったのです。それは、来店するたびに注文してくれるお客さんはいるけれど、手間がかかって面倒くさいからです。

この「ごぼうメンチ」をやめるかどうか迷っているときに、こんな取り組みをしてもらいました。

1．野菜作り体験教室
2．高級ひき肉作り体験教室
3．「ごぼうメンチ」作り体験教室

この体験教室には、いつも「ごぼうメンチ」を注文する既存客の他に、家庭菜園に興味がある既存客にも声をかけてもらいました。

既存客全員に声をかけず、いつも「ごぼうメンチ」を注文する既存客と、家庭菜園に興味がある既存客にだけ声をかけたのには理由があります。

それはね――

健康にこだわるから健康食のお店に来ているのだけれど、「ごぼうメンチ」や家庭菜園という他の人がやりたがらない**「面倒くさいことに価値を感じる人」を悦ばす（感動して喜ばす）ため**です。

「面倒くさいことに価値を感じる人」は、自分のこだわりの域を超えた悦び（感動して喜び）を体感すると人に話したくなるのです。この「人に話したくなる」を作るために３つの体験教室をするわけです。

「それって面倒くさいなぁ〜」って、思いました？　これ、重要です！

ある一定のこだわりがある人は、**「面倒くさいこと」を自分のためにしてくれる人に対して価値を感じてくれる**のです。

そうすると、**頼みもしないのに勝手に友達を紹介**してくれます。ブログやフェイスブックなどのソーシャルネットワークサービス等で**口コミをしてくれる**のです。

「３　お客の声を訊くだけでいい」の「生活者に訊いてみる」のところで書いたように、体験教室を利用する人はこういいます。

「仕事を離れ、気の会う仲間とお酒を飲んでいるときって本音でしゃべるよね」と男性。

女性は、「家庭を離れ愚痴のいえるお友達となにか食べているときにいろいろおしゃべりしちゃいます」と答えています。

つまり、男女ともに、仕事や家庭を離れ、こころを許せるだれかと飲食しているときが、**「本音を思わず〝ポロっ〟としゃべっちゃうような状況」**であると考えられます。

地域にいる生活者の本音の声を訊くためには、**「仕事や家庭を離れ、こころを許せるだれかと飲食しているとき」**を意図的に作るといいのです。

そういうこころを許せる場で、**「本音を思わず〝ポロっ〟としゃべってもらう」**のです。

自然食のお店で、「ごぼうメンチ」をやめるかどうか迷っているときに、1．野菜作り体験教室　2．高級ひき肉作り体験教室　3．「ごぼうメンチ」作り体験教室をすることで、「ごぼうメンチの試食会」では、本音トークが炸裂したことはいうまでもありません。

POINT

こだわりがある人は、「面倒くさいこと」に対して価値を感じてくれる

7

仕事に対する覚悟はあるか

やめない理由を決めるだけでいい

仕事をする意味を考えてみる

仕事をする覚悟を決める。あるいは使命を掲げることは大切です。

わかりやすく説明するために、以前、テレビで見た復興支援のドキュメント番組を紹介します。屋台村で町を復興させようと集まった人たちの取り組みです。

彼らは、屋台村のメインのメニューにラーメンを選択。麺屋の達人に、指導の支援を申し出ました。

すると達人は、指導することを気持ちよく受け入れました。

達人は、丁寧に指導するだけではなく、大切なレシピを「たかちゃん」という若者に渡しました。

ところが、達人がラーメンづくりの指導で釜石市を訪ねると――


材料を準備していないのです。

これって、言葉が悪いですが「舐めてます」よね？

あたり前ですが、達人がキレました。


「『覚悟』ができてねぇからなんだよ！」

この言葉、わかります。テレビを見ていたわたしもキレました。

達人はそれでも気を取り直し、材料を買い出しラーメンを作りました。

そしてみんなで味見をする。

すると、たかちゃんが達人に対してあり得ない一言。

たかちゃん「これじゃ受け入れられない」
達人「えっ？」
たかちゃん「釜石じゃ通用しないな」

達人「……」

達人は一瞬絶句してしまいましたが、「じゃあ、オレに教わらなきゃいいじゃん」。そして、「自分でやればいいじゃん」と。

「釜石じゃ通用しないな」

教えてくれる人に対して、こういうことを平気で口にするのは、「人のありがたみ」がわかっていないからなんですよね。なにを考えているのでしょう？

さらに、オープン間近の試食で「食べてみてください」と、たかちゃん。

試食をする達人。

そして——

達人「これ、自分で食べてみたの？」

たかちゃん「まだです」

達人「まず、自分で食べなきゃ！」

達人は「みんなも食べてみて！」と周りの人たちを呼びます。

みんな「麺が、かたいです」

　達人、またキレます。

達人「なにをやってんだよっ！」

達人「オレが教えたいのは、『麺の茹で方』じゃねぇんだよ！」

達人「『スープの作り方』じゃねぇんだよ！」

達人「『愛』なんだよ！」

達人「『絆』なんだよ！」

達人「『チームワーク』なんだよ！」

達人「『愛』がないラーメンを食わされた人は、二度と来ないんだよ！」

達人「それができないのは――」

達人「**『覚悟』を決めてねぇからなんだよ！**」

達人「『覚悟』を決めろよ！」

　達人は、「頑張る人」を応援しに来たのです。

だから本気の気持ちで支援したわけです。
達人は、応援することについて覚悟を決めているから、真剣に怒ったのです。
お客は、**「生半可な気持ちで作ったラーメンなんか食いたくない！」**のです。
達人は、そういう**お客に代わって、怒った**のです。
達人は、そういう**お客に代わって、教えた**のです。
「仕事をする覚悟」というのはこうです。

1．どうしてこの仕事をするのか？
2．どうして自分がやらなければならないのか？

この2つの答えが、

1．あなたが**「仕事をする覚悟」**になります。
2．あなたが**お客から「選ばれる理由」**になります。

あなたも、「仕事をする覚悟」を決めてください。

お客がお店を選ぶ理由を考える

お店や会社をしていると、こういうことを耳にすることがあります。

お客は、「お店に付く」「人に付く」。

これって、お店の掲げているコンセプト（「基本理念」や「主張」や「こだわり」）に共鳴共感していたり、店長や社長の**「仕事をする覚悟」に惚れていたりする**わけです。

だから、お客から共鳴共感が得られるよう、お店や会社のコンセプトを掲げてください。

お客から共鳴共感が得られるコンセプトは、「お客がお店を選ぶ理由」になります。コンセプトは、お客がお店を選ぶ理由の中で最も大きなウェイトを占めているといっても過言ではありません。お客から共鳴共感が得られる**コンセプトを掲げることは「仕事をする覚悟」と同じく重要**なことです。

ここでは、コンセプトの考え方をご案内します。

たとえば美容室。

同じようなお仕事をしている同業者はたくさんいます。

ある美容室が、同業他社と差別化するためにケーキづくりの教室をしたところ、既存のお客がスゴク悦んで（感動して喜んで）くれました。ケーキづくり教室に悦んだ既存のお客がお友達をたくさん紹介してくれるので、お店は大繁盛しました。

ところが――

あるとき、あるお客からこういわれました。


「どうして美容室が食べもの作り教室をするの？」


このようなお客は必ずいます。

さて、既存のお客に良かれと思ってやったケーキづくり教室。既存のお客も悦んでくれた。

その上、お友達をたくさんご紹介してもらいお店も繁盛しました。同業者他社と差別化が図れました。

「イッキに抜きん出るぞ！」と思った矢先です。

「どうして美容室が食べもの作り教室をするの？」

さて、あなたならこのお客に、どのように答えますか？

ここで答える内容次第で、お客を減らすか、共鳴共感を得てお店が選ばれ、さらに飛躍するかの分かれ道になります。

「パーマやカラーの合間に作ったケーキをお出しすると「美味しいね」といって食べてくれるのです。作り方を教えてといわれるお客がいたので、ケーキづくり教室を始めたのです」

こんなふうに答えた場合、「どうして美容室が食べもの作り教室をするの？」と訊いてきたお客は納得するでしょうか？

「へぇ〜そうなんだぁ〜」と納得するお客もいらっしゃるかもしれません。でも、お店に対する共鳴共感はありません。

それは、**コンセプトが見えない**からです。

「美容室は、お客さまのキレイを、外面からしかお手伝いできません。本当のキレイは、内面から作るものです。なので、内面からもキレイになってもらいたくてケーキづくり教室をはじめたのです。本当のキレイを作るために、ケーキの材料も体に害のない『ホタルが飛び交う田んぼで採れたお米』を使用しました」

こんなふうに答える美容室のコンセプトはこうです。

栄養剤や化粧品に頼らず10歳若く見られるあなたを応援！
「ホタルが飛び交う田んぼで採れたお米」を使用したケーキづくり教室が好評！○▲美容室

「わたしのキレイをつくるために、材料にもこだわってくれているのですね！」と悦び（感動して喜び）ます。そして、共鳴共感します。

だから、**お客は、「お店に付く」「人に付く」**のです。

コンセプト（「基本理念」「主張」「こだわり」）は、**「お客がお店を選ぶ理由」**になります。

POINT

納得ではなく、共鳴共感するコンセプトをつくる

第5章

店長がいなくても お店が回る流れをつくろう！

1

スタッフを雇っておきながら、仕事をさせないのはもったいない

社長がいないと会社が回らないのはなぜ

社長がいないと会社が回らない?

せっかくスタッフを雇っておきながら、こんなことをいう店長や社長がいます。

「危なっかしくてみていられない」
「説明が面倒くさい」
「技術や接客は簡単に覚えられない」
「自分でやったほうが早い」
「自分でやったほうが安心」

こういうことをいうのは、仕事が職人系ということではなく、気質が〝職人〟の店長や社長に多いですね。だったら、スタッフを雇わなければいいのにと思います。

第3章で説明した「接点」と第4章で説明した「儲かっちゃしくみ」がつくれると、来客の嵐になります。

そうすると、あたり前ですが忙しくなります。店長や社長が、どんなにがんばってもこなせるはずがありません。お店や会社を利用するお客が迷惑します。あたり前ですが、当然、満足度が下がります。次回の来店につながりません。紹介や口コミもなくなります。せっかく来店して利用してくれたお客に呆れられてしまいます。結果、売上が落ちます。

スタッフを雇っておきながら、仕事をさせないのはもったいないです。

忙しくなれば、やっぱりスタッフに代わりにやってもらうわけですから、「危なっかしくてみていられない」などといわず、忙しくなる前に、スタッフにやり方を教えておきましょう。スタッフに、仕事のやり方を教えるためにも、スタッフが、店長や社長の代わりに作業や接客するときに失敗したりしないよう、マニュアルをつくっておくといいですね。

POINT
忙しくなる前に、スタッフにやり方を教えておく

2 作業・接客マニュアルをつくる6つのポイント

「だれに」「何を」「どんな風に」伝えたいのか明確にする

マニュアル＝台本をつくる

開店から閉店まで、店長や社長がすべての作業や接客をしていたら、倒れます。そうならないためにも、作業や接客を代わってくれるスタッフが欲しいですね。

でも、スタッフが、作業や接客の都度いちいち店長や社長にやり方を訊いてきたのでは雇う意味がありません。どのスタッフでも、店長や社長にやり方を訊くことなく作業や接客ができれば店長や社長はラクになります。安心してお休みを取ることもできます。

だれもが失敗することなく、作業や接客が楽しくできて仕事のチェックもできるマニュアルがあるといいでしょう。マニュアルというと、型にはめるようなイメージがありますが、映画でいうなら台本や筋書きのようなものです。

台本や筋書きをつくることによって、「だれに」「何を」「どんな風に」伝えたいのかが明確になります。仕事にかかる前に確認できるようになります。

ここでは、マニュアルの作成方法について説明していきます。

1. 仕事の流れがだれでも見わたせるようになっていること
2. 作業や接客をする目標や理由も書かれていること
3. 作業や接客のやるべきことがわかるようになっていること
4. やるべきことが数値や具体的な行動基準で書かれていること
5. ノウハウやコツも記載されていること
6. クレームの際、だれでも対応できるように書かれていること

以下、マニュアルを作成するポイントをご説明していきます。

仕事の流れがだれでも見わたせること

マニュアルの目的は、見えにくいところをだれでもわかりやすい状態にすることです。また、これまでのやり方を伝え、個々のバラツキをなくし標準化することです。さらに、作業や接客対応を一定化し、かつ効率的に進めるためです。そのためにも、仕事の全体像をだれもが見わたせるよう記載する必要があります。

仕事の全体像とはこうです。

①仕事の意味
②仕事全体の流れ
③作業や接客のプロセス
④求められる基準

作業や接客を熟知しているスタッフはもちろん、経験の浅いスタッフでもわかるマニュアルにするために、**仕事の意味**をわかりやすく書いておくことが大切です。

経験の浅いスタッフは、**仕事の意味を理解することにより、不安なく、前向きに行動する**ことができます。加えて、**仕事全体の流れや作業や接客のプロセス**を記載することで、間違った行動を取ることもなく、周囲に迷惑をかけることも限りなくゼロに近づけることができます。

作業や接客をする目標や理由も書かれていること

マニュアルには、**求められる基準**を書いておく必要があります。求められる基準とは、言い方を変えれば作業や接客の**「判断基準」**です。判断基準は、具体的で明白な言葉で書きます。これを「効率よく使える作業・接客マニュアル」に書いておくと、経験の浅いスタッフでも判断に迷うことがありません。

判断基準には、コンセプトにつながる目標や合言葉を書きます。また、その理由を付け加えておくことで、店長の思うとおりの結果につながります。

たとえば、「ラストオーダーの接客が重要」についていえば、単に、この仕事には「ラストオーダーの接客が重要」と記載するだけでは不十分です。

これだと形式的になりすぎて、言葉の持つ重みが行動に反映されない可能性が大きいです。こういう場合は、たとえば、「ラストオーダーの接客！　お客さまの会話が途切れるタイミングに注意。トラブルを防止する」という物差しを記載することが必要です。

こうすれば、店長が思う、「話を割ることなくラストオーダーを訊いて客単価アップにつなげる」というスタッフの具体的な行動につながります。

作業や接客のやるべきことが分かること

作業や接客を熟知しているスタッフはもちろん、経験の浅いスタッフも、作業や接客をする前に、**やるべきことの「到達目標」がわかっている**必要があります。また、「到達目標」は、数値や行動レベルで示しておくといいです。

作業や接客のやるべきことの到達目標を示すことと、到達目標を数値や行動レベルで示す理由は、**作業や接客を高いレベルで一定に保つ**ためです。

よい作業や接客とは、長い時間をかけてつくり上げてきたものです。ところが、経験の浅いスタッフに「よい作業や接客をしなさい」といっても、そもそもよくわかりません。なにをしたらよいのかを具体的な行動を記載し示すことで、お客から求められる到達目標を理解してもらえます。そうすることで、トラブルや間違いを未然に防ぐことができます。

また、どれくらいまで接客や作業をしたらいいのかがわからなくては、スタッフによって作業や接客の完成度にバラツキが出ます。作業や接客のバラツキを防ぐためにも、数値を使って到達目標を立てるべきです。具体的には、当該の仕事の流れを踏まえて書きます。すでに作業や接客のフロー図があれば、それを活用して加筆します。

やるべきことが数値や具体的な行動基準で書かれていること

「知っているつもり」は〝うっかりミス〟のもとです。人はだれでも「知っているつもり」でうっかり忘れてしまうことがあります。マニュアルを熟知しているベテランのスタッフでも、実際の作業の中でやるべき作業をついうっかり忘れてしまうものです。

そうした「知っているつもり」の〝うっかりミス〟を未然に防ぎ、マニュアルに書いてある内容を徹底させるためにもチェックリストを作成します。

チェックリストの作成は簡単です。マニュアルの中で、徹底させたい必要なものを抜き出して項目ごとに表をつくるだけです。

たとえば事務所での作業チェックリストはこうです。

①事務所のカギを開ける。
②窓のブラインドを開ける。
③照明電源ON。
④お湯を沸かす。

⑤テーブルの汚れ確認・清掃。
⑥床の汚れ・ごみ確認・清掃。

作業する人は、チェックリストを手にしながら項目順に作業を行います。作業を実施した項目ごとにチェックを入れます。そうしてチェックリストに記載してあるすべての項目の作業をします。あたり前のこととバカにして、チェックリストもつくらずいつもの流れでやっていると、大切なお客が来客した際、「お湯を沸かすことを忘れていてお茶も出せず商談が成立しなかった」なんていうことにもなりかねません。

また、作業や接客のバラツキを防ぐためにつくるチェックリストもあります。この場合、数値を使って、到達目標を段階に分けます。実際に作業したレベルが後で確認できるようにします。

照明電源ON。
①照明が点いた。
②蛍光灯の両端が黒ずんでいる。

③点いたり消えたりしている。

食事で入ったお店の照明が、点いたり消えたりしていたらどうでしょう？「ここで食べて大丈夫かな？」って、不安になりますよね？

②は、お店に入ったばかりのスタッフでも見付けられます。②にチェックが入っていたら、店長はすぐに蛍光灯を替えたいですよね。

ノウハウやコツも記載されていること

多くのお店や会社は、店長や社長が持っているノウハウやコツをスタッフに教えて、日々の作業や業務を行っています。なので、店長や社長は、「オレがいなけりゃ会社が回らない」といったりするわけです。

でも、それでは、店長や社長はいつまでたってもラクできません。スタッフを雇っている意味がありません。

店長や社長が持っているノウハウやコツを、入ったばかりのスタッフでも理解できるように文章化しましょう！　そうして、効率よく作業してもらいましょう！

そのためにもまず、店長や社長がスタッフ全員と話し合い意見を交換します。

最初にやることは、**店長や社長が持っているノウハウやコツのたな卸し**をします。

ここでは、接客のノウハウやコツをたな卸しする簡単な方法をご紹介します。

①実際の接客をする。
②接客の手順を項目に分ける。
③接客の手順を項目ごとに文章にする。

実際の接客をする

まずは、店長や社長が実際の作業や接客をしているところを観察することが大切です。

実際の作業や接客をしているところを観察するときの大切なポイントは、「**なぜそうする必要があるのか**」という疑問を持つことです。また、そうした接客をする「**目的と狙いはなにか**」という接客の本質を探すことです。

忙しい店長や社長に、何度も実際の作業や接客をしてもらわなくてもいいように、ビデオで撮影して観察することをおススメします。

ビデオで撮影することで、いつでも見ることができますし共有しやすいですね。

POINT

仕事の意味を理解することで、スタッフは不安なく、前向きに行動する

3 クレームを積極的に受ける

だれでもクレームに対応できるマニュアルをつくる

クレームの際、だれでも対応できるように書かれていること

クレームを付けられるお店や会社側は、クレームに対して、どちらかといえばマイナスのイメージを持っている人が多いのではないでしょうか。

もちろん、わたしもクレームを受けるのは嫌です。

クレームというのは、普通、怒った状態で駆け込んで来るものです。同業者に訊いた話ですが、クレームになるかどうかもわからないのに、「お前のところはこんないい加減な修理をするのか？」と、血相を変えて怒鳴り込んで来る人もいるということです。

こういうことがあると、クレームはないほうがいいですね。

でも、本当にそうでしょうか？

クレームというと、「悪いこと」というイメージがあるからではないでしょうか？

「クレーム＝お客さまの声」と捉えたらどうでしょうか？

「お客さまの声」と言葉を変えただけで「聞かせてください！」と、なりませんか？

実はわたし、自動車修理の仕事で「クレーム＝お客さまの声」をたくさんいただいていました。「クレーム＝お客さまの声」をもらうのは簡単です。

「30年以上積み重ねた技術で、わたしが最善を尽くして修理させていただきました。でも、修理に完璧はありません。なにかお気づきのことがありましたら、どんな小さなことでもおっしゃってくださいね」

こんなふうにいって、修理が終わった車をお客にお渡ししています。

すると——

本当に小さなことでもいってくれます。血相を変えて怒鳴り込んで来る人なんていません。

逆に、「気になることがあるので見てもらえますか?」と、丁寧にいってきます。

お役に立つ仕事をしているのに、怒鳴られたくないですよね?

怒鳴られることなく気づいたことを丁寧に話してもらうためにはコツがあります。つまり、**クレームを未然に防ぐ方法**です。

それは――

1. **商品を販売するとき**
2. **サービスをお受けするとき**
3. **仕事をお受けするとき**

いずれの場合も、**お客にとってのデメリットやリスクを話す**のです。

「商品を売りたい」「サービスを受けてもらいたい」「仕事を受注したい」という気持ちが先行すると、いいことばかりお話しします。

そうするとお客は、いいイメージだけ持ちます。これがクレームをつくっています。

でも、デメリットやリスクを先にお話しすることで、「完璧なんてあり得ないしね」という気持ちを持ってくれます。

修理するスタッフもリラックスして仕事ができます。これ、重要です！

「新車同様に修理しますよ！」などといって預かると、スタッフにビビリが出て、いつもどおりの実力が出せないということもあるのです。なので、修理で車を預かる際、こんなことをお話しします。

1．壊れたものは元に戻らないこと。

2．修理に完璧はないこと。

まずはここを理解してもらいます。その上で、積み重ねた技術で最善を尽くして修理させていただきます、といって預かるのです。

そうすると、お車を取りに来たときこんなふうにいう人もいます。

「あれっ、預けるとき聞いていたほど仕上がり悪くないじゃないですか」

しっかり仕事をしていれば、当然です。

ただ、それでもクレームがあった場合、スタッフのだれもが対応できるよう、クレームの具体的な対応方法の流れを記載しておく必要があります。

1．クレームの受付。
2．クレーム内容の確認。
3．原因の調査。
4．原因の説明と解決案の提示。
5．クレーム処理の記録保存。

POINT
デメリットを先にお客に伝えることで、スタッフはリラックスしていい仕事ができる

第6章

今すぐ現場で使える8つの事例

CASE 1

小さな子どもを泣かさずカットできることを教えるだけでいい

できることを教えるだけでいい

どこにでもあるような普通の床屋が、チラシ広告をやめて、**「小さな子どもを泣かさずカットできます」**といっただけで、新規顧客が37倍。対前年比売上を１８３％アップさせています。

神奈川県横浜市にある『ヘアーサロン エア』の鈴木誠一さん（http://ameblo.jp/bb-ea2009/）がそうです。

「結婚前は別々のサロンで（0歳〜6歳の）子どものカットを任されていたこともあり、子どものカットは2人とも得意。サロンをオープンさせてしばらくは、そのことに気づきませんでした」

「小さな子どもを泣かさずカットするのは当たり前だったので……でも、「小さな子どもを泣かさずカットできます」とお客にいうようになってからは来客の嵐です！

自分の強みがわからないという人は多いですね。自分を客観視できないですからね。そこで

「小さな子どもを泣かさずカットしてもらえることは親にとってすごくうれしいこと。あたり前と思わず、得意なこととして既存の男性客に教えるといいですよ」とアドバイス。

すると、「髪をいじられるのが嫌い」「カットを断られた」「自宅でうまくカットができない」という人の子どもが、毎月3～5名来店するようになり、既存の男性客の奥さんや両親もサロンを利用するようになったといいます。さらに、既存の男性客の奥さんを通じて、同じように子どものカットで悩んでいたという人たちの来店が増えているといいます。

ヘアワックスの使い方を教えるだけでいい

男性で、ヘアワックスを使っている人は意外

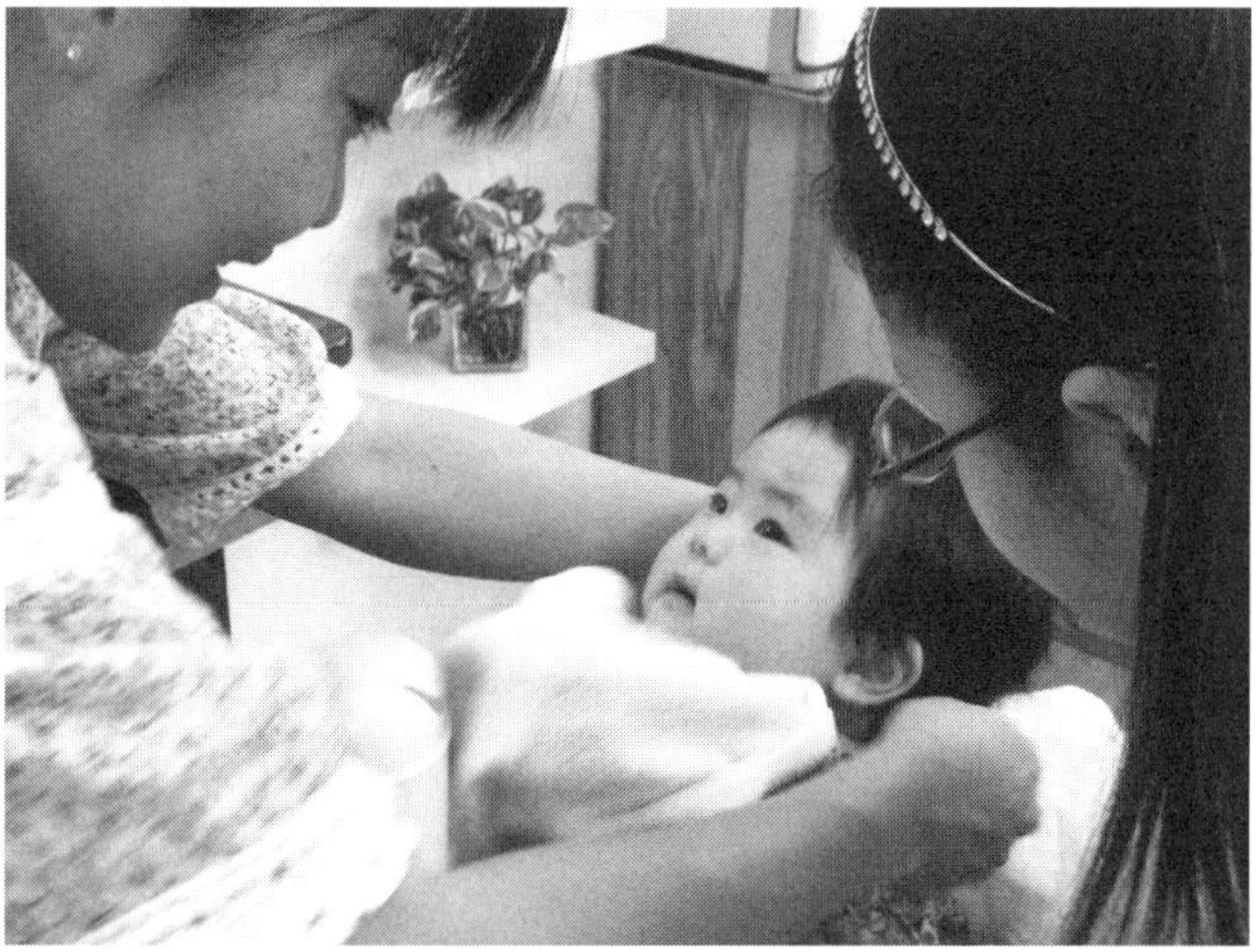

自分ではできて当然と思っていることも、お客にとってはノドから手が出るほどほしい技術。

と多いですね。ドラッグストアにはたくさんのヘアワックスが並んでいます。でも、どの商品を選べばいいのか、どんなふうに使えばいいのか、どういう風にセットできるのかは知らないですね。

とりあえず買って、何回か使って使いづらいと、ドラッグストアで違う商品を買うという人が多いといいます。わたしもその一人です。

お客からそうした話を聞いたヘアーサロン エアの鈴木さんは、こんなことをしました。

1．しっかり固めたいのか、自然にまとめたいのか訊いた。

2．ワックスの種類別の特徴を教えた。

お客がワックスをどう使いたいのかを訊いて、選ぶべき種類を教え、お客が使いたいであろうヘアワックスを、1週間分だけ小分けしてクリスマスの時期にプレゼントしたそうです。そうすると――

「前回クリスマスプレゼントでいただいたワックスって売ってもらえるのですか？」

「明後日、お邪魔するときにこの前のワックスを買いたいのですが」

「この前のワックスって、どこで売ってるのですか？」

結果、1週間で、前年1年間で販売したワックスの5倍の量が売れたそうです。

したことといえば、**既存客の声を訊いてヘアワックスの使い方を教えただけ**です。

失敗したカットを直してあげるだけでいい

「1000円カットで失敗したカットを1000円で手直しします！」とブログで告知すると、

「1000円カットで息子がすごい髪形にされて……」

「左右の長さがこんなに違う……」

などの「どうしていいのかわからず本当に困っている」というお客が来店したそうです。

「1000円で手直ししたお客は、全員が固定客になっています。1000円カットで息子がすごい髪形にされたというお客は、今は家族全員が来店しています」とのことです。

小さな子どもを泣かさずカットできるという強みを、あたり前とせず既存の男性客に教え、サロンを利用するお客の本音の声を聞いて**ヘアワックスの使い方を教え、髪のことで困っている1000円カットで失敗した人を1000円で手直し**することは、日本中の床屋ができることです。

あたり前のことをバカにせずちゃんとやれば、だれでも儲けるチャンスがあるのです。

CASE 2

試してみるだけでいい

レジの横に商品を置くだけでいい

いきなりですが想像してみてください。

幹線道路から１kmくらい中に入ったところにある集落。道に迷わない限り、知らない人は入って来ないところにある集落です。集落の戸数は僅か66戸で、茨城県稲敷市にあります。そのような場所にある宮本商店で、いま、こんなことが起こっています。

「レジの横に置いただけで、２日間で、半年分売れたんです！」

「いまは、毎日、お店を開けるのが楽しいんです！」

「いまは、毎日、お店を開けるのが楽しいんです！」というのは、茨城県でガソリンスタンドを営みながら雑貨と食料品を売っているお店の店長です。が、千葉県栄町商工会が主催する

『三文塾』という勉強会（120ページ参照）に参加しはじめた1年前は、帰りの車の中でこんなふうにつぶやいたそうです。

「いってることもわかるし、やってみようとも思うんだけど……できないんだよなぁ～」

このお店、来店客が減ってきていたそうです。なので、当然、売上も減少していたわけです。「なんとかしなければ」と思うけれど、「なにをどうしたらいいのか」が、わからない。

そこで**「騙されたつもりでやってみよう！」と覚悟を決め**、やってみたのが――

「粉引きやってます！」

POP、いわゆる店内広告でそう告知したそうです。

「粉引きやってます！」と張り紙してお客と会話。取り扱い商品・サービスの存在を知っているか訊いてみました。

「『粉引きやってます！』と書いてお店の入り口に貼ってみたら、お客から、お前の店で粉引きできるの？　って訊かれました。勉強会で先生のいっていたとおりだ！　とびっくりでした。で、バッテリーも売っているけど知ってた？　と訊いてみたんです。そしたら知らないというのです。さすがにガッカリしました。でもこれも、先生にいわれたとおりでした」

お客は、自分のことにしか興味がありません。お店の人も、自分で取り扱っている商品やサービスは、お客は知っていてあたり前と思っています。こういうギャップを埋めない限り、商品やサービスは売れませんよね。

■商品を置く場所を替えて、取り扱い商品・サービスの存在を教える

「どこにでも売っている『丸実屋の五目釜めしの素』という商品を、いつも置いている場所からレジの横に場所を替えてみました。そうしたら、売れる、売れる、売れる！ **どこでも買える『丸実屋の五目釜めしの素』が、2日間で半年分売れました**。地元のスーパーでは189円で買えるのに、240円という定価で売れたのです。びっくりしました。うれしくて、『丸実屋の五目釜めしの素』のところに〝昔なつかしい味です〟と書いた紙を張ってみました。そうしたら、きのうも買ってくれたおばあちゃんが、美味しいものを売ってくれてありがとうといって、また買ってくれたのです。商品を売っている自分のほうがうれしくなっちゃいました！」

声をかけ、ドライブスルー方式で取り扱い商品・サービスの存在を教えました。

宮本商店ではガソリンスタンドを営んでいます。そのかたわら、食料品と雑貨も販売してい

ます。ところが、ガソリンを入れに来る多くのお客は、ガソリンを、車に乗ったまま入れてお金を払うとそのまま行ってしまうというのです。

「ガソリンだけ売っていたのでは赤字なんです」という宮本商店でしたが、ガソリンを入れている間、こんなこともしてみたそうです。

「たばことか缶コーヒーも、車に乗ったまま買えますよ！　といってみたら、ほとんどのお客が注文してくれるんです。お客の中には〝ドライブスルーみたいだね〟という人もいました。ほんのちょっとしたことで買ってもらえるんですね」

宮本商店は、人口が少ない地域でも、あたり前のことをバカにしないでちゃんとやればだれでも儲かることを証明してくれています。

お金はほとんどかかっていないが、売上が数倍に！

CASE 3

焼肉を1g単位で販売するだけでいい

必要で欲しい分だけでいい

世の中にはいろいろな商品やサービスがあります。顧客満足やお客さま目線という言葉が頻繁に使われるくらい、お店や会社は必死になって商品やサービスをお客に気に入ってもらおうと試行錯誤しています。

ところが、なかなかお客に受け入れなれるような商品やサービスに改善できていません。革新的な商品やサービスがつくれていないのが現状ではないでしょうか？

ここであなたも、仕事を離れた一消費者になって想像してみてください。

生活する上で、なにかが**必要になっときに、必要なものやことが、欲しい分だけ、選んで買える**ようになっていたらうれしいと思いませんか？

たとえば食べるもの。焼肉店を営んでいる大山俊明さんは、焼肉を1g単位で販売するサービスを始めて利用客から喜ばれています。

この焼肉を1g単位で販売するサービス。わたしがアドバイスしたことを基に、大山さんが自治会の野球チーム仲間に協力してもらいながらつくった新サービスです。

数人で焼肉を食べている状況を想像してみてください。

ビールが半分だけ残ってしまいました。でも、ビールだけで飲むのもなんだし、つまみにカルビを二枚くらい食べたいと思いました。でも、「カルビを二枚だけください!」という注文ができないですよね?

あるいは、カルビが二枚だけ残っています。ビールを半分だけ欲しいという場合でも、「ビールを半分だけください!」という注文はできません。

人によっては、「お前、半分飲むよね?」なんていいながらビールを注文。届いたビールの半分を、目の前の人に分ける。なんていうことを、やったことあるでしょう?

実は、こういうお客の要望だってあるでしょうということを、わたしは、商工会や商工会議所などの経営革新の講演や経営活性化セミナーでお話しているわけです。

大山さんは、商工会で行われた講演終了後、わたしと名刺を交換しながらこういいました。

「先生、わたしは焼肉店を営んでいるのですが、さっきの焼肉を1g単位で販売するサービス。わたしにやらせてください！」

わたし達は場所を変えて詳しい話をしました。

その後、スカイプでアドバイスしたことを試しにやってもらいました。こうしてアドバイスしては実践を繰り返しながら、新サービスをつくっていったわけです。

焼肉を1g単位で販売するサービスは具体的にこうです。

①メニューに1g単位で販売と表示。
②注文のあった肉と計量器をテーブルに運ぶ。
③お客は必要な分量の肉を計量器に乗せる。
④計量器に表示されたグラム数をお会計票にメモする。
⑤お会計票の数字どおり精算する。

このようなサービスをつくることで、いつ、だれが利用しても、**必要になったときに、必要なものが、欲しい分だけ、選んで買える**ようになるわけです。

こういうサービスを提供することで、売上が147%アップしたと大山さんはいいます。具体的には、焼肉や飲みものが、最小単位で注文できるということが客受けして、リピート率が高くなったといいます。

また、クチコミによって新規客が増えたそうです。このサービスを提供するまでの新規客は、月平均15名前後だったそうですが、新サービス提供後は、25人前後になっているとのこと。

さらには、宴会の受注にもつながり、宴会は、5カ月先まで予約でいっぱいになっているとのことです。

大山さんは、「新サービスをつくるにあたって、お金をほとんどかけていないのに、こんなにうまく売上を作ることができてびっくりしています。もっと早くやっていればよかったです！」といいます。

CASE 4

パソコンで楽しく遊ばせるだけでいい

遊び方を教えるだけでいい

驚異の継続率。15年も生徒が通い続けるパソコンスクールがあります。千葉県柏市にある松本郁子さんが経営する『いくこママズパソコンスクール』(http://ameblo.jp/ikukomamaz-pc/)です。しかも、驚かされるのはリピート率90％以上。平均在校年数は約9年という実績。

集客に成功しても、お客の定着や継続がなければいつも集客に追い回されますよね。これは、パソコンスクールに限ったことではありません。

ところが、いくこママズパソコンスクールは、定着や継続が飛びぬけているわけです。ただ、はじめから定着率や継続率が高かったわけではありません。試行錯誤しながら、「一生通いたい」と生徒にいわせる〝コツ〟があるといいます。

その〝コツ〟というのは、**「遊び方を教えること」**だといいます。遊び方を教えるというのは、いったいどういうことなのでしょうか？

普通のパソコンスクールはパソコンの操作を教えます。だから、操作を覚えたら止めます。あたり前です。でも、いくこママズパソコンスクールの生徒は平均在校年数約9年です。この違いはどこにあるのか？

答えは簡単でした。普通のパソコンスクールが「キャリア志向」なのに対して、いくこママズパソコンスクールは**「習い事志向」**。つまり、遊び方を徹底的に追及して「遊び方を教えている」わけです。

習い事とは、遊び心で学ぶこと

操作を教えないで遊び方を教えるというのは、音楽や茶道、語学やスポーツのように「習い事」をさせているわけなのです。

ただここで重要なことは、「プロになる人を育てるわけではなく、楽しく遊ばせることが習い事の目的」だといいます。

プロになるには苦しさや厳しさがありますよね。でも習い事は、わたしたちも楽しくなければやりません。また、感動がなければ楽しく遊べませんし、上達が見られなければ、習い事として継続されません。

「操作を教えたら、操作を覚えた時点で止めてしまう」わけですが、「遊び（楽しさ&感動）を教えたら、遊びを嫌いにならない限り止めない」ということです。

パソコンを習い事にするには?

プロを目指すと、一定のゴールがありますが、「習い事」にはゴールがありません。だって遊びなのですから。

いくこママズパソコンスクールでは、操作を習いに来ている人のゴールをなくすために、感動と楽しさが体感できる「遊び」を教えるシステムがあります。

1．３週間しかやらないスクール。

2．絶妙な授業時間と時間割で、かつ振替可能。

3．個別対応なのにグループレッスン。

4．ゴールのない多彩な内容。

いくこママズパソコンスクールでは、**パソコンで遊ばせるコツ**として、３つのコツがあるそうです。**①単純な遊びを教える。②考えさせる。③こだわりを持たせる。**こういう遊ばせ方で楽に学べるから継続率が高いのでしょうね。

「簡単なことを学ぶのではなく、簡単に楽に学べることが大切です。それには、**相談できる相手（先生）がいることも必要**なのです」と松本さんがいうように、いくこママズパソコンスクールでは、操作のまとめをしたり、パソコン周辺機器や時事情報をわかりやすく説明する授業があるそうです。

「ほとんどの生徒さんがこの授業が楽しみで通っています。講義の時間ですから、同じ時間の人は一緒に聞くことになり質問が飛び交います。これは、いくこママズパソコンスクールに馴染めば馴染むほど、受けたくなる授業です」

70歳からパソコンを習い始め、現在84歳のMさんは、パソコンでイラストを描き、同窓会の写真に修整を加え、往復はがきを印刷し、iPodで音楽を聴き、デジカメで撮った写真をブログにアップし、Facebookを楽しんでいます。ネットでお買い物もします。

Mさんの口癖は「頑張らない」と「今日もひとつ覚えた」です。継続は力なり。

まさに、**お客の〝継続〟は、会社の〝力〟なり**——です。

CASE 5

お客の立場で仕事するだけでいい

部屋ではなく街を見せるだけでいい

松屋不動産（http://ameblo.jp/waylonsan/）のある小田急線東海大学前駅は、東海大学湘南キャンパスがあることから、主要なお客は、東海大学へ入学、もしくは在籍している学生です。

松屋不動産の福嶋秀樹さんによると、新入生は、本人だけではなく両親も一緒に来ることが多く、遠方から来る人は時間もなく、あわてて決めて途中で引っ越しするケースも少なからずあるとのこと。

工夫していることは、この街に住むとどんなことがあるのか、住む前にそれをイメージさせることが大切だといいます。

そのためにしていることは、買い物に便利なお店やおすすめのお店を一通りご案内。お客のライフスタイルにあったエリアの中から部屋を提案しているそうです。

また、女子学生の場合、まずは夜の街を案内しているそうです。それは、実際に夜道を歩いて、安全を確認してもらうためとのこと。このサービスは好評だといいます。

さらに、**通常している部屋の案内以外に街の案内を30分ほど増やすだけ**で、お客に満足してもらう部屋の紹介ができて、制約率が高まっているということです。

電話やメールの対応を営業時間外にするだけでいい

東海大学前駅付近で不動産を紹介している会社の営業時間は、18時30分くらいまでのところが多く、いますぐ対応して欲しいお客の要望に応えられていないのが現状のようです。

松屋不動産では、こうした現状に早くから着目。営業時間を延長してお客の要望に応えているのです。

また、インターネットを見て、メールで問い合わせや質問をしてくる学生の多くは、20時以降が多いといいます。なので、メールの問い合わせに対して返事で待たせず、好印象を与える工夫をしているといいます。その工夫はこうです。

メールを携帯電話で受けられるように設定し、出先や自宅、朝でも夜でも場所を選ばず、365日24時間。時間に制限をかけることなく返事ができる体制にしているといいます。

さらにこのサービスは、アパートを契約し入居したお客にも好評だそうです。

同業者から、「営業時間が終わっているのだからそこまでしなくてもいいのでは？」という声が聞こえてきそうですが、電話はさておき、メールだったら電車の移動中でも対応することができます。不動産業者にとってはやりたくないですしストレスになることかもしれません。**しかしながら、営業時間外に対応してくれる気づかいややさしさに、「わたしのためにありがとう！」という感謝の気持ちが生まれる**のです。こういう、**だれにでもできることでありながらだれもやらない対応にこそ、他の業者ではなくあなたを選ぶ理由**になります。すごく大切ですし、ぜひ真似して欲しいことです。

地元の人やお店を紹介するだけでいい

「せっかく住むのですから、わたしの知り合いや地元の人を紹介するようにしています。それは、視野を広げ、卒業後の就職活動を有利に進めてもらうためです。また、この街を好きになって学生生活を楽しんでもらうためです」と福嶋さんはいいます。

こういうご縁をつないでもらえると、学生も、商品を買わないときにでもお店の人に相談しやすいですね。

「わたしは、アルバイト先の紹介や恋愛の悩みを聞いてアドバイスもします。2～3時間話すこともあります」

こういう知り合いが1人でも多くいることで、遠く離れたところにいる両親も、心強いし安心ですね。

同じ大学の学生を紹介するだけでいい

全国の都道府県からいろいろな人が集まってくる大学。今までのように自分の気が合う仲間ばかりではなく、価値観が違う人。学部が違う、年齢も違う人の集まりです。

松屋不動産では、気の合いそうな仲間を紹介することも積極的に行っています。「それは、就職活動をする際、初対面でも物おじせず話せるコミュニケーション能力の向上や人脈の広げ方を学んでもらうためです」と福嶋さんはいいます。つまり、**大学生を〝つなぐ〟ハブ的な役割**を果たしているわけです。

松屋不動産から学べることとは、大学のある地域の不動産業としてやるべきことはなにか。どんなことで役に立つことができるか。しかも、部屋を借りる学生に対してだけではなく、学生の家族や学生が住む地域にいる人やお店にまで目を向けて考えているところです。

CASE 6

地域に住む住民とコミュニケーションを図るだけでいい

お客を迎えに行くだけでいい（実店舗編）

商工会や商工会議所などの各種団体では様々なイベントを開催します。イベントを開催する多くの主催者は、あたり前ですが人を集めようと努力します。そうすると、「客寄せパンダ」のような業者を使い集客するわけです。

「客寄せパンダ」を使えば、「着ぐるみ」や「〇〇ショー」を目当てに人は集まりますが、それは「客寄せパンダ」を提供する業者の儲かる仕組みです。出店したお店からは、「着ぐるみに人が集まってお店の商品が売れない！」など効果が薄いのが実情です。

目立った観光資源もなく、毎年人口が減少している地方の小さな町の千葉県栄町商工会（高橋康夫会長）で、これまでにない新たな取り組みとして、超実践的経営勉強会『三文塾（三人寄れば文殊の知恵の経営勉強会）』をされているので紹介します。

三文塾は、経営資金の少ない中小零細企業経営者が、（あまり）お金をかけずに売上をアップさせる方法が学べる勉強会です。わたしも講師として参加しており、連続10回で開催しています。しくみのつくり方を学びながら、自社の売れるしくみをつくっていき、参加者からダメだしをもらいながら、ブラッシュアップします。開催9回目には、実際のイベントに参加して実証実験しています。最終回の10回目は、きっちり検証を行い、実店舗の運営に活用できるしくみに修正して持ち帰れます。こうした勉強会は全国でもめずらしく、遠くは神奈川県横浜市から参加する事業所もいます。

三文塾の最大の特徴は、実際のイベントに参加して実証実験することです。栄町商工会が主催するコミュニケーション型イベント『安食の楽市で45円（始終ご縁）』（http://ameblo.jp/fun-running/）で、このイベントには、いくつかの特徴があります。

ひとつは「売ることではなく、客と出会い客の声を訊くこと」商品を売る前に、地域に住む住民とコミュニケーションを図ることを目的にしています。

次に集め方です。イベント当日だけ使える商品券をつくり商工会員へ配布。普段のイベントにあまり参加しない商工会員とその家族の参加を促しています。さらに、『安食の楽市で45円（始終ご縁）』というイベントタイトルに合わせた『45円。４５０円。４５００円。』という商品を用意しています。

CASE 7

ブログに書いて知らせるだけでいい

お客を迎えに行くだけでいい（ネット編）

実店舗を構えお店を運営していると、どうしても「待ちの商売」になりがちです。

しかも、自分がお客になって考えてみるとわかるのですが、お店から集められたくてお店に行っているわけではないにも関わらず、知らず知らずに「実店舗にお客を集める」という概念を持つようになっていますよね。

「実店舗にお客を集める」という概念を捨てるためにも、イベントなどに参加して、「お客を迎えに行く」といいです。これ、重要です！

また、「お客を迎えに行く」やり方には、インターネットを利用する方法もあります。

ホームページやブログ、ツイッターやフェイスブック、ミクシィなどがあります。

茨城県稲敷市で桜川療術院という整体院を営む坂本登士実さんは、ブログ（http://ameblo.jp/aaraku/）を活用して、来店客減少と売上激減に困っている整体師・治療家・療術家の問題を解決する情報を公開して発信。弟子を募集しています。

坂本さんは、千葉県栄町商工会が主催する三文塾で学び、『安食の楽市で45円（始終ご縁）』にも参加。イベントでは「無痛整体」というのぼりを掲げて存在を気付かせました。「痛み、3分でスッキリ！　450円」というA型看板で動機付けしました。

これにより、6時間のイベント時間内で55人のお試しの施術（450円）をして、6名の人の本施術（4500円）を受けています。すごいのは、車椅子で来たおばあちゃんが、お試しの施術を受けた直後、すうっーと立ち上がってしまったことです。これには本人はもちろん、家族や周りの人もびっくりです。さらに現在、千葉県栄町から6名の人が、坂本さんの整体院のある茨城県稲敷市まで通院しているといいます。

ここで重要なことは、**「うまい饅頭（本物としての施術）」があることを教えてあげれば、お客は県外まで治療に通う**ということです。

また、そうした本物としての施術があれば、インターネットを活用して弟子を迎えに行くこともできるということです。

CASE 8

困っていることを訊くだけでいい

親戚のおばあちゃんの代わりに買い物にいくだけでいい

人口が減少している地域があります。路線バスも廃止され、スーパーや総合病院のない地域では、高齢者が困っています。そうした地域で加藤良夫さんが営む肉屋は、既存客がお店を利用する回数も減り、同時に、紹介や口コミも減少。当然、売上げも毎年落ちています。

あるとき、法事で顔を合わせたおばあちゃんからこんなことをいわれたそうです。

「年取って歩くのも不自由だし、路線バスが廃止になって食べたいものも買えなくてねぇ」

加藤さんは、「引き売りの八百屋さんから買えば？」といってみたそうです。

すると、「あぁ、あの八百屋は店じまいしたのさ」とのこと。

「だれか助けてくれねぇかなぁ〜」という親戚のおばあちゃんの、叫びにも似た悲痛の声を聞いた加藤さんは、「いまなにが欲しい？」と訊いて、翌日、親戚のおばあちゃんから頼まれたものを届けに行ったそうです。すると、となりのおじいさんが遊びに来ていて、「悪いけど、オレにも届けてくれないか？」といわれ、次の日。頼まれたものを届けに行ったそうです。

すると、親戚のおばあちゃんととなりのおじぃさんの他に、近所の人もいて、「わたしらの分も配達してくれないか？」と、味噌や野菜の他に、肉とコロッケも頼まれたそうです。

次の日。近所の人から頼まれたものを届けると、近状のおばぁちゃはこういったそうです。

「これはアンタにやるよ」そういって、肉とコロッケを手渡されたそうです。

加藤さんは、「これはお金をもらって買ってもらったものだから」と引き戻そうとしたのですが、「これはアンタの子どもにあげなさい」といわれたそうです。

わけを聞いてみると、子どももいないし、自分じゃ食べられない。だけど、他人のために、肉店には関係のないものまで運んでくれる加藤さんにお礼がしたかったそうです。

これは、決してお涙頂戴の話ではなく、地方の人口が減少している地域で、あたり前に起きている現状なのです。

あなたも、自分の一番身近にいる親戚身内で困っている人の声を訊いてあげてください。知らない人を、お金をかけて集める前に、あなたが今すぐできることで、身近にいる親戚身内で困っている人を支えてあげてください。

だって商人の役目は、**「地域にいる生活者の楽しい生活を支援すること」**なのですから。

おわりに

本書では、「やるべきことをちゃんとやれば成果が出る」ことについて、事例を紹介しながら解説してきました。「そうなんだよね」とうなずたり、「これは自分のことかもしれない」と、ドキッとしながら読んでくださったのではないでしょうか。

でも、いまはできていなくても大丈夫！　がっかりしないでくださいね。

この本を読み終えたあなたは、「小さなこともバカにしないで試しにやってみよう！」という気持ちがフツフツとこみ上げているはずです。もし、試しにやることが面倒くさくなったり、億劫になったときは、もう一度、この本を読み返してください。

だって、あなたの地域であなたがうまくいかないと、あなたの地域にいる生活者が困るのです。あなたの地域にいる生活者は、あなたからの支援を待っているのですから。

最後に、有限会社ケイズプロダクションの代表であり、出版コンサルタントの山田稔氏に感謝しています。多大なるご指導とご支援をいただき、かつ世話を焼かせました。

わたしが半世紀生きている中で、これほどまでに世話を焼かせた人は、わたしの母親以外にいません。深く、深く感謝しています。心よりありがとうございました。

また、執筆をサポートしてくれた同社の金丸氏には、わたしの体中にありながらアウトプットできずにいたものをうまく導いてくれたと感謝しています。

お二人の存在がなければ、この本が世に出ることはなかったと思います。

そして、末筆でごめんなさい。やっぱりあなたに、心から「ありがとうございました！」とお伝えしたいです。わたしの本を手に取り、最後まで読んでくださったあなたに、心より感謝の気持ちを贈ります。

「この本を読んで活用して商売がうまくいった！　売上が上がったよ！」というあなたからの喜びの声が届くことをお待ちしています。

あっ、そうそう、わたしの妻ですが、他のだれが見てキレイということではなく、「この人から選ばれる男でありたいな」、と、わたしの感情を動かした〝キレイ〟なのです（笑）
わたしたちも、お客さんから選ばれる商人でありたいですね。

２０１２年５月

谷田貝　孝一

著者紹介

谷田貝孝一（やたがい　こういち）

1957年生まれ。17歳で自動車鈑金塗装業界に就職。1988年、谷田貝自動車鈑金塗装開業。1996年、世界初のレンタルガレージシステムを7年かけて開発し、日本経済新聞の一面に記事が掲載され注目される。現在、FC本部事業を行う傍ら講演講師として飛び回り、全国各地の小規模事業者の儲かっちゃう仕組みづくりの指導で活動中。都賀町商工会商業部会部会長。元都賀町商工会ものづくり工房代表。これまでに、フランチャイズFC20店舗（現在11店舗）全国各地の小規模事業6,600社を指導実績をもち、マスメディアより250回以上の取材を受けた。

e-mail：k-yatagai@juntohru.com
ブログ：http://ameblo.jp/k-y33/

お客さま目線でサービスを見直せば100%受注・成約できる

儲かっちゃうしくみ

2012年5月31日　初版第一刷発行

著　者　谷田貝孝一
発行者　宮下晴樹
発　行　株式会社つた書房
〒101-0025　東京都千代田区神田佐久間町3-21-5　ヒガシカンダビル3F
TEL. 03（6868）4254
発　売　株式会社創英社／三省堂書店
〒101-0051　東京都千代田区神田神保町1-1
TEL. 03（3291）2295
印刷／製本　シナノ印刷株式会社

ISBN978-4-905084-05-1